FRECUENCIAS

Español comunicativo para el siglo XXI

Nivel

B1

Libro del estudiante

Equipo **Frecuencias**

PARTE 1 B1.1

Edinumen

Hugo Roberto Wingeyer, doctor en Lingüística Aplicada, es vicedecano de la Facultad de Humanidades de la Universidad del Nordeste (Chaco, Argentina)
La profesora y escritora Eloísa Covarrubias imparte talleres de narrativa y poesía en el Instituto Sonorense de Cultura (Hermosillo, México)

ISBN - Libro del estudiante: 978-84-91796-65-7
Depósito legal: M-24425-2021

Impreso en España
Printed in Spain
0122

Coordinación pedagógica:
M.ª José Gelabert

Coordinación editorial:
Amelia Guerrero y Mar Menéndez

Maquetación:
Carlos Casado, Juanjo López y Sara Serrano

Diseño de portada y maqueta:
Juanjo López

Estudio de grabación:
Producciones Activawords

Impresión:
Gráficas Glodami. Madrid

Créditos fotográficos en pág. 128

Editorial Edinumen
José Celestino Mutis, 4. 28028 Madrid. España
Teléfono: (34) 91 308 51 42
Correo electrónico: edinumen@edinumen.es
www.edinumen.es

¡En Edinumen nos apasiona el español!

Desde nuestros inicios hace ya más de 30 años, nuestro objetivo ha sido siempre mejorar la experiencia del aprendizaje de español en todo el mundo. Nos enorgullece decir que el cien por cien de nuestros recursos están dedicados exclusivamente a la enseñanza y aprendizaje de español como lengua extranjera y segunda lengua.

Durante todos estos años, hemos tenido el enorme privilegio de trabajar al lado de entusiastas profesionales del español que viven y desarrollan su labor en multitud de países y, por lo tanto, representan realidades diferentes. Así, hemos constatado los cambios que se han ido produciendo y hemos afrontado juntos nuevos retos para lograr el objetivo que compartimos: que los estudiantes que deciden aprender español sean capaces de disfrutar también de un apasionante universo sociocultural y lingüístico tan completo como enriquecedor.

Este reto es hoy especialmente emocionante. Gracias al desarrollo de las nuevas tecnologías, la interacción entre culturas y personas interconectadas desde todos los lugares del mundo es permanente y se produce a un ritmo inimaginable hasta ahora. Los hablantes de español del siglo XXI son interlocutores en un universo compuesto por realidades lingüísticas y culturales muy diversas que se nutren entre sí.

En los últimos años ha habido un intento justificado de integrar en los materiales didácticos muestras de lengua que se asemejen lo más posible a los modelos reales. En este sentido, **Frecuencias** incorpora, por primera vez en un manual de ELE, una extensa muestra de ejemplos extraídos de las bases de datos o corpus* que, siempre al hilo de los contenidos tratados, ilustran variantes de carácter léxico, gramatical o comunicativo con el fin de acercar al estudiante a las diferentes realidades sociolingüísticas hispánicas.

Además, **Frecuencias** se ha desarrollado metodológicamente en dos ejes: el aprendizaje por contenidos y la resolución de tareas que permiten al estudiante poner en práctica los conocimientos adquiridos anteriormente, lo que favorece un aprendizaje activo y eficaz.

Por último, queremos destacar la colaboración entre **Edinumen**, especialistas en ELE, y la **Real Academia Española (RAE)** en la génesis del proyecto, así como el asesoramiento de la RAE en el uso de los corpus y su revisión final del presente trabajo. Sin su ayuda y apoyo este manual no podría haber visto la luz.

Estamos muy ilusionados de presentar este nuevo manual de ELE, que da respuesta a las necesidades de estudiantes y docentes para un aprendizaje real en el siglo XXI.

* Colección de textos de todos los países hispanohablantes en formato electrónico, con varios millones de palabras, que la Real Academia Española (RAE) ha codificado y clasificado y que permiten la búsqueda a través de formas, lemas, categorías gramaticales, zonas geográficas, etc.

Edi numen

Especialistas en ELE

FRECUENCIAS

Frecuencias es el nuevo curso de español que da respuesta a las necesidades de estudiantes y docentes para un aprendizaje real en el siglo XXI.

Frecuencias sigue las recomendaciones del *Marco común europeo de referencia para las lenguas (MCER)* y su sílabo se ha elaborado a partir del *Plan curricular del Instituto Cervantes.*

El curso favorece un aprendizaje **activo**, de manera que el conocimiento de la lengua es **real**, **significativo y adaptado** a las **necesidades** del estudiante.

Una propuesta metodológica eficaz

Frecuencias combina el **aprendizaje por contenidos** con la **resolución**, en una fase posterior, de **tareas** en las que el estudiante tiene que poner en funcionamiento los conocimientos adquiridos previamente. Esta combinación facilita el aprendizaje, ya que los contenidos se van presentando **de manera progresiva** a lo largo de los apartados, de modo que el estudiante, al enfrentarse a las tareas, ha adquirido ya todas las herramientas que necesita para resolverlas con éxito.

Las actividades que se presentan son **significativas social y emocionalmente**, conectan con el estudiante y lo involucran en su aprendizaje. Estas actividades aumentan la **motivación** y favorecen la asimilación de lo aprendido.

La incorporación de los corpus de la RAE: CORPES XXI y CREA

Frecuencias incluye una extensa muestra de **ejemplos reales** extraídos de los corpus de la RAE para mostrar usos auténticos de lengua, con **variantes** que ejemplifican la riqueza lingüística del mundo hispánico, algunas **frecuencias** de uso y **combinatoria** de palabras, así como fenómenos de carácter **gramatical o comunicativo**.

Las muestras se destacan claramente en el manual a través de cuadros estratégicamente colocados junto a los contenidos a los que hacen referencia.

RAE

GRAMÁTICA

En las zonas voseantes de América, el imperativo tiene una forma propia para la persona vos *(hablá, bebé, abrí, empezá, volvé, elegí, tené, hacé, poné, vení, salí, decí...)*: *Empezá vos, por favor./Comé, comé, está muy bueno.*

Una visión global del mundo hispánico

La presencia de aspectos **culturales e interculturales** a lo largo de las actividades, así como en el apartado "Cultura", y la integración destacada de las **variantes hispánicas** facilitan la creación de una conciencia global del mundo hispánico y la adquisición de habilidades de comunicación por parte del estudiante. Todo esto le permite desenvolverse con éxito en una realidad lingüística y cultural tan compleja como la de la comunidad hispanohablante.

Un atractivo y motivador material audiovisual

Frecuencias presenta ***Cartelera de cine***, 10 secuencias de películas producidas en países hispanos cuyo fin es la práctica del componente sociocultural.

Un diseño a doble página que facilita el aprendizaje

Frecuencias aporta un **atractivo y moderno diseño a doble página** que permite presentar los contenidos de manera **motivadora**, **clara y ordenada**, lo que facilita el aprendizaje.

En colaboración con la Real Academia Española (RAE)

La **Real Academia Española (RAE)** es miembro de la Asociación de Academias de la Lengua Española (ASALE), que se formó en México en 1951 y que está integrada actualmente por las veintitrés academias de la lengua española existentes en el mundo (veinte en América, además de España, Filipinas y Guinea Ecuatorial). Su objetivo es llevar a cabo una política lingüística panhispánica trabajando unidas para conseguir la integridad y el crecimiento de la lengua española.

Entre sus logros cabe destacar la publicación, en coautoría, del *Diccionario de la lengua española* a partir de su XXII edición, la *Ortografía* en sus ediciones de 1999 y 2010, y el *Diccionario panhispánico de dudas* (2005), así como la elaboración de distintas bases de datos o corpus.

Frecuencias es un proyecto desarrollado por **Edinumen** con la colaboración de la **Real Academia Española**. Esta colaboración se ha centrado en dos aspectos:

- por un lado, Edinumen ha tomado en consideración los corpus lingüísticos y bases de datos que la RAE ofrece, así como su conocimiento del uso del español, para el desarrollo del curso;
- por otro lado, el manual ha sido revisado por la Real Academia Española como lingüística, léxica y gramaticalmente correcto.

Los corpus: CORPES XXI y CREA

El **Corpus del Español del Siglo XXI (CORPES XXI)** es un proyecto impulsado por la Asociación de Academias de la Lengua Española (ASALE). Está formado por diferentes tipos de textos de todos los países del mundo hispánico. Reúne un conjunto de 400 millones de formas y palabras, con una distribución de un 70 % de América y un 30 % de España, que aparecen en textos producidos a partir de 2001.

El **Corpus de Referencia del Español Actual (CREA)** está diseñado para proporcionar información exhaustiva acerca de la lengua en un momento determinado de su historia y es lo suficientemente extenso para representar todas sus variedades relevantes. Se compone de una amplia variedad de textos escritos y orales, producidos en todos los países de habla hispana entre 1975 y 2004 y en los que es posible la búsqueda por formas, lemas y categorías gramaticales.

Frecuencias, curso de español revisado por la RAE y que incluye muestras auténticas de los corpus lingüísticos.

Estructura del libro

Cada nivel de **Frecuencias** está compuesto por **diez unidades didácticas** estructuradas en ocho apartados con unos objetivos específicos:

- **presentación** de los contenidos de la unidad;
- activación de los **conocimientos previos** de los estudiantes sobre el tema;
- presentación y actividades para la adquisición de **vocabulario**;
- presentación y práctica de los **contenidos gramaticales**;
- **secuencia comunicativa** para poner en práctica los conocimientos adquiridos, a través de tareas significativas y el **desarrollo de las cuatro destrezas**;
- presentación de **contenidos culturales** relacionados con el universo hispánico;
- actividades de carácter **audiovisual** con las que trabajar el **componente sociocultural** a partir de secuencias de películas de producción española e hispanoamericana;
- **evaluación** de lo aprendido y reflexión sobre el aprendizaje.

Los diferentes apartados han sido pensados para que se realicen en **una o dos sesiones** de clase cada uno de ellos, dependiendo de las necesidades y la progresión específica de cada grupo de estudiantes.

Las tareas están diseñadas para trabajar en **diferentes dinámicas: de modo individual**, **en parejas**, **en grupos pequeños y todo el grupo**, fomentando de esta manera el trabajo colaborativo y el intercambio de conocimientos entre los diferentes miembros de la clase. Estas dinámicas aparecen indicadas con las siguientes etiquetas:

En parejas **En grupos pequeños** **Todo el grupo**

Cada nivel de **Frecuencias** viene acompañado de un apéndice de **Pronunciación y ortografía** con diez fichas prácticas que trabajan el componente fonético y ortográfico y que pueden presentarse en clase según las necesidades específicas de cada grupo.

La ELEteca (extensión digital)

La **ELEteca** es una completa **plataforma *e-learning*** con funcionalidades y contenidos digitales que facilitan la enseñanza/aprendizaje de la lengua.

La ELEteca de **Frecuencias** ofrece **actividades interactivas** para la práctica en línea de los principales contenidos de cada apartado de las unidades, todo el **material audiovisual** del curso y una gran variedad de recursos tanto para el estudiante como para el docente.

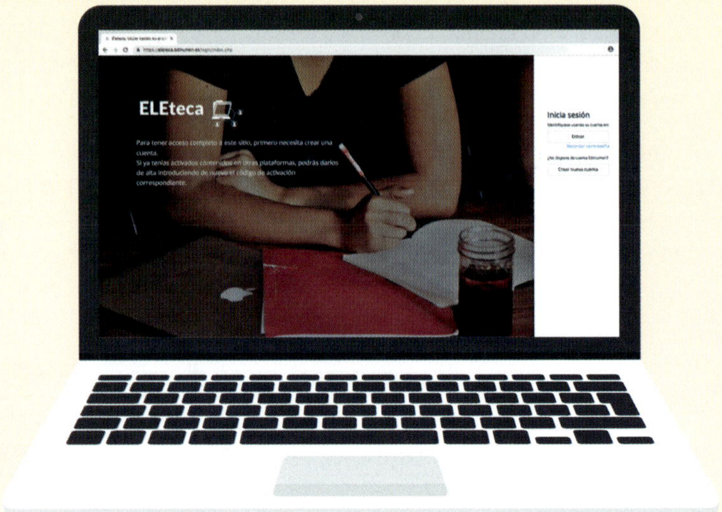

Para entrar en la ELEteca, regístrate con el código que aparece en el interior de la cubierta en:

https://eleteca.edinumen.es/

Cartelera DE CINE

Frecuencias presenta ***Cartelera de cine***,
10 secuencias de películas producidas en países hispánicos
cuyo fin es la práctica del componente sociocultural.

La elección de una secuencia clave o significativa de cada película, junto a la presentación previa de su sinopsis y las actividades de explotación de la secuencia, permiten al estudiante acceder y profundizar en el elemento sociocultural que vertebra cada una de estas obras referentes del cine hispánico.

Las actividades diseñadas para cada una de las secuencias son facilitadoras y permiten un acercamiento significativo y sugerente a la cultura hispana.

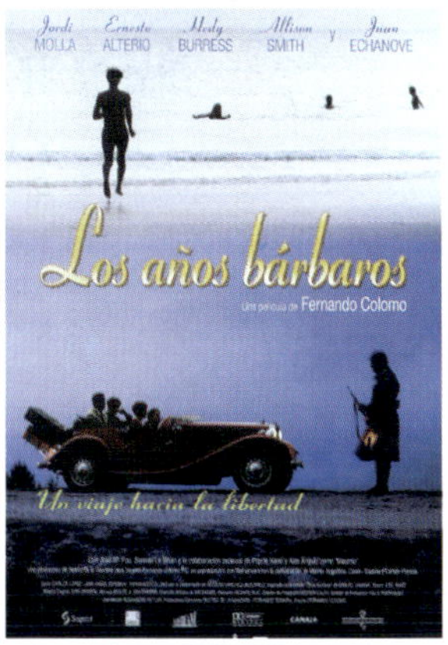

Cartelera de cine, un acercamiento lúdico a la cultura hispánica a través del séptimo arte.

Estructura de las unidades y elementos gráficos guía visual

Portada. En ella se encuentran resumidos los objetivos principales de cada unidad, así como imágenes y preguntas que introducen el tema y activan la motivación.

Objetivos de aprendizaje.

Preguntas de motivación.

Dinámica recomendada para las diferentes actividades.

¿Qué sabes? Apartado con actividades para sondear los conocimientos previos de los estudiantes sobre el tema a tratar, a la vez que se anticipa el vocabulario, algunas estructuras gramaticales y elementos culturales de los apartados sucesivos.

Uso de elementos visuales para la realización de muchas de las actividades.

Palabras. Secuencia de actividades de léxico que facilitan el aprendizaje del vocabulario contextualizado según el tema de la unidad. Las actividades están destinadas a que los estudiantes descubran palabras o expresiones y aprendan a combinarlas y a usarlas en contexto. Este aprendizaje se lleva a cabo a través de textos orales o escritos, imágenes, definiciones, cuadros semánticos… que permiten deducir e interpretar su significado.

En este apartado, los cuadros de la RAE constatan diferencias léxicas entre el español de España y el de América con textos y ejemplos extraídos de los corpus.

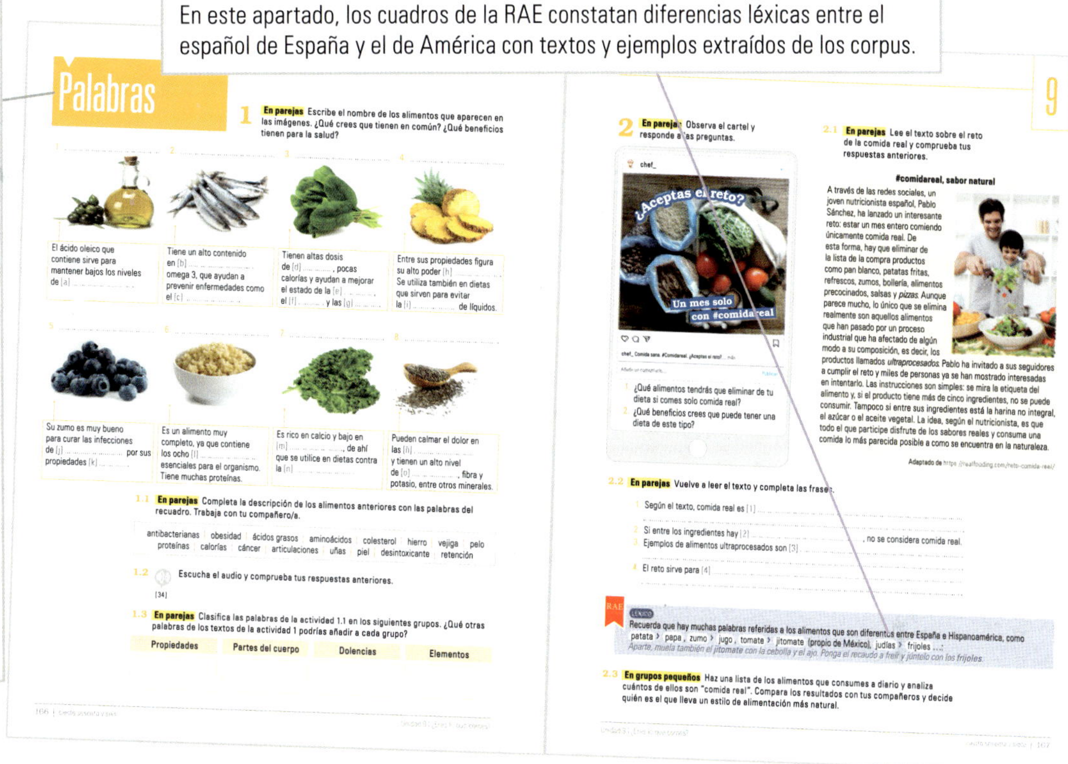

Gramática. La gramática se presenta sistematizada a través de cuadros diseñados para facilitar su aprendizaje y de actividades de reconocimiento y práctica guiada de los contenidos tratados.

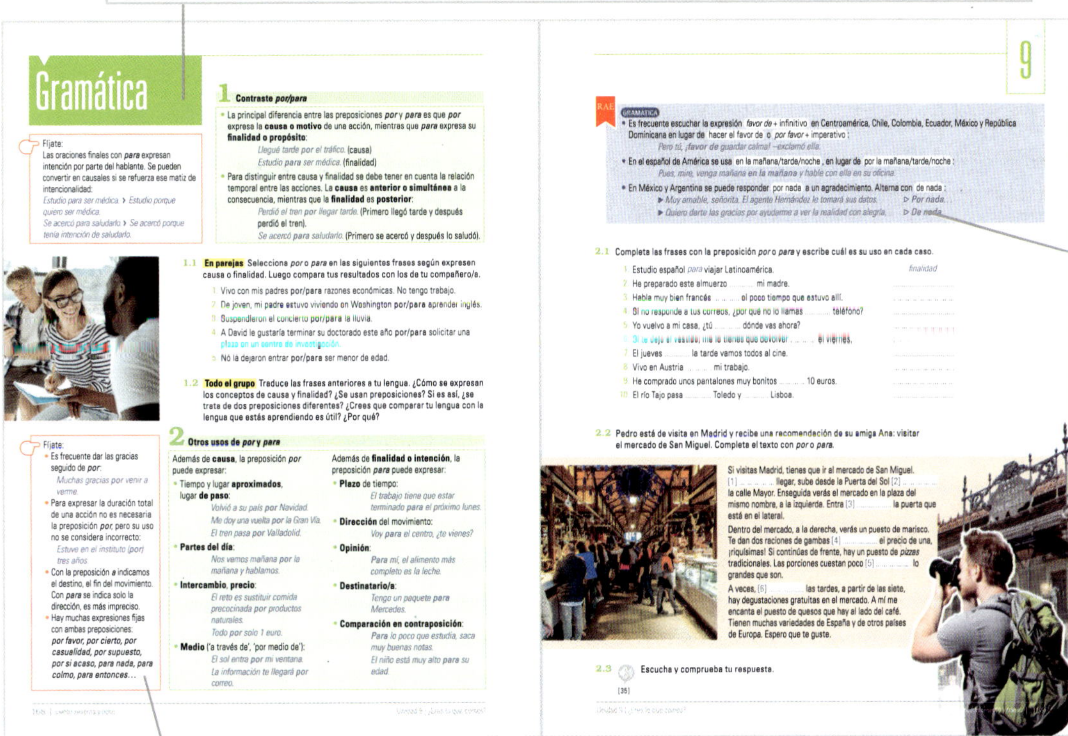

En este apartado, los cuadros de la RAE presentan información referida a cuestiones gramaticales (contraste entre el español de España y el de América, frecuencias de uso, regímenes verbales, etc.) con ejemplos extraídos de los corpus.

Cuadro de atención que sirve para resaltar o recordar los contenidos importantes.

Practica en contexto. El estudiante aprende a interactuar a través de las diferentes tareas presentadas en una secuencia didáctica coherente y significativa. Mediante estas tareas el estudiante pone en práctica los conocimientos adquiridos hasta el momento con actividades de comprensión y producción orales y escritas, interactuando según las diferentes dinámicas propuestas.

Los cuadros funcionales se presentan en el momento adecuado de la secuencia como una herramienta que el estudiante utiliza para resolver con éxito la tarea propuesta.

Cultura. Los contenidos culturales se presentan en una secuencia muy visual y dinámica en la que se tratan temas socioculturales de España e Hispanoamérica.

En este apartado cobran especial importancia la imagen, el diseño y los distintos formatos de texto: gráficos, diagramas, mapas, folletos turísticos…

Cartelera de cine. 10 secuencias de películas de producción española e hispanoamericana con las que los estudiantes pueden aprender más acerca de la cultura y la sociedad del mundo hispano y desarrollar, de un modo lúdico, su competencia sociocultural a partir de recursos auténticos.

Para este apartado se han diseñado actividades que permiten al estudiante predecir, comprender y comentar la secuencia y el contexto sociocultural en el que esta se desarrolla.

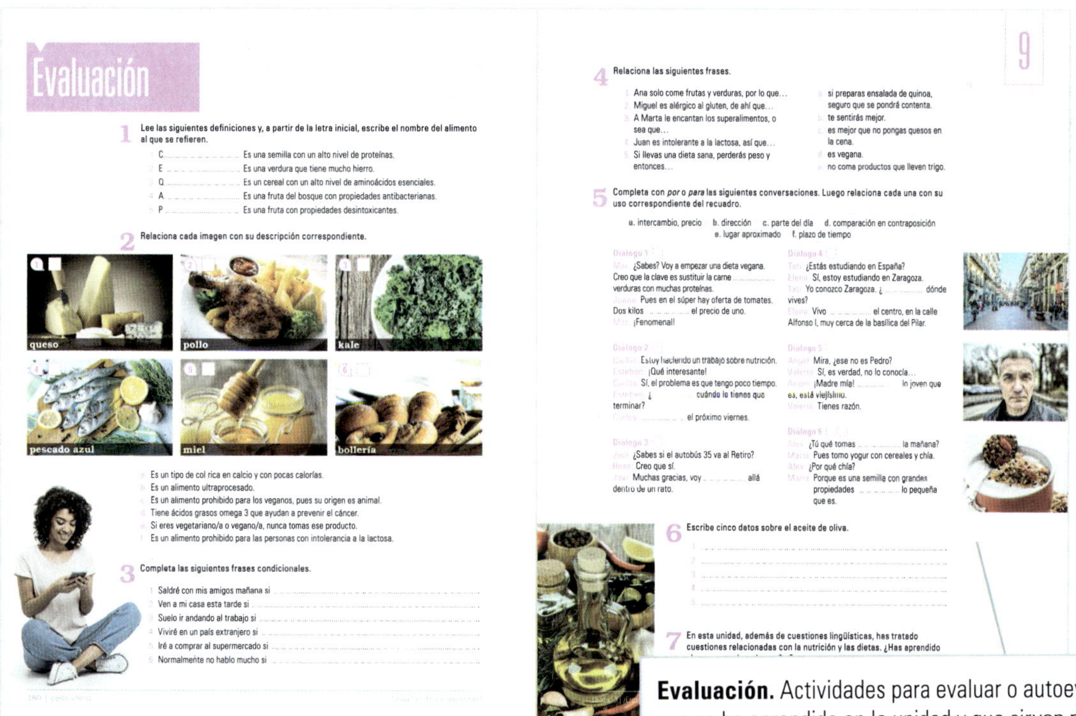

Evaluación. Actividades para evaluar o autoevaluar lo que se ha aprendido en la unidad y que sirven para que el estudiante tome conciencia de su propio aprendizaje. Con ellas, este puede reflexionar acerca de los errores cometidos e identificar aquellos contenidos que necesite repasar.

Índice

España datos de interés

Número de habitantes

46.5 millones de habitantes

España es el tercer país más visitado del mundo, superado únicamente por Francia y Estados Unidos.

La mayor reserva ecológica de Europa está en España: el parque nacional de Doñana.

Es el tercer país con más sitios Patrimonio de la Humanidad, por detrás de Italia y China.

- Italia (51)
- China (50)
- España (45)

Monumentos más visitados en España:

- La Alhambra (Granada)
- La Sagrada Familia (Barcelona)
- La Mezquita (Córdoba)
- La Catedral de Santiago de Compostela (La Coruña)
- La Catedral de Burgos (Castilla y León)

Es el líder mundial en donación de órganos.

Las cuevas de Altamira albergan el arte paleolítico más antiguo de Europa.

Hispanoamérica | datos de interés

Según *National Geographic*, el glaciar Perito Moreno, dentro del parque natural Los Glaciares en Argentina, es el cuarto paraje natural más bello del mundo, y el parque nacional Canaima, en Venezuela, ocupa el lugar número 15.

¡Hola!

La mayoría de los hablantes de español se encuentran en Hispanoamérica:

375 millones de hablantes nativos

Países más visitados de Hispanoamérica

- **México** ≃ 40 000 000
- **Argentina** ≃ 7 000 000
- **Chile** ≃ 6 500 000
- **República Dominicana** ≃ 6 000 000

Principales culturas precolombinas

- **Azteca** (Sur de México, siglos XIV-XVI)
- **Maya** (México y Guatemala, siglos I-XVII)
- **Inca** (Ecuador, Perú, Bolivia, norte de Argentina y Chile, siglos XV-XVI)

¿Por qué estudio español?

Más de 580 millones de personas hablan español en el mundo.

El español es la **segunda lengua materna del mundo** por número de hablantes, después del chino mandarín.

Es la cuarta lengua más estudiada del mundo después del inglés, el francés y el chino mandarín: actualmente hay 21.8 millones de estudiantes de español en el mundo.

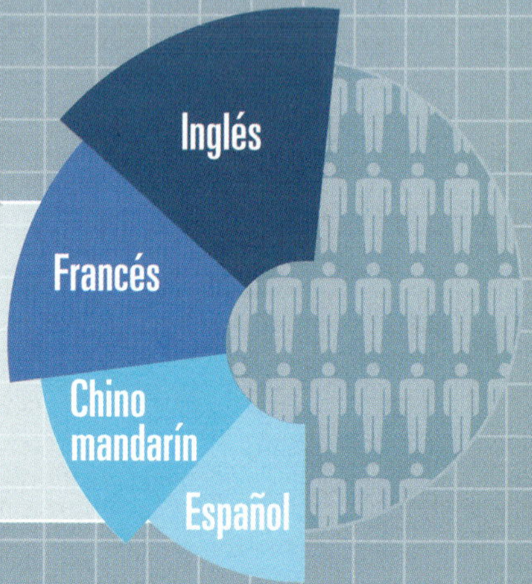

La contribución del conjunto de los países hispanohablantes al PIB mundial es del 6.9 %.

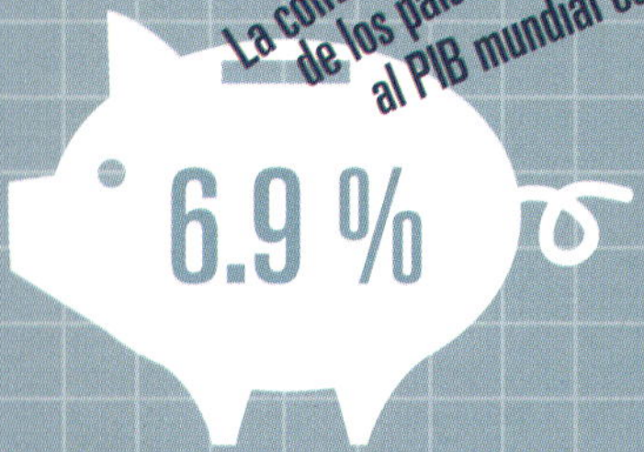

- El español es la tercera lengua más utilizada en la red.
- El 8.9 % de los usuarios de internet se comunica en español.
- El español es la segunda lengua más utilizada en Wikipedia, en Facebook, en LinkedIn y en Twitter.

El español es la cuarta lengua más poderosa del mundo.

El español ocupa la cuarta posición en el ámbito institucional de la Unión Europea.

Es la tercera lengua en el sistema de trabajo de la ONU: es una de sus seis lenguas oficiales.

España es el tercer país exportador de libros del mundo.

España, Argentina y México se encuentran entre los quince principales países productores de películas del mundo.

Datos extraídos del informe *El español: una lengua viva*, elaborado y redactado por David Fernández Vítores, y dirigido y coordinado por la Dirección Académica del Instituto Cervantes (2019).

Libro del estudiante

Nivel **B1.1**

Unidad

1

¿Qué representa, según tu opinión, la imagen principal de esta unidad?

¿Crees que perteneces a una sola cultura o a más de una?

Fíjate en lo que hizo ayer la chica de las fotos de la derecha y descríbelo.

¿Con qué cultura relacionas el monumento?

Encuentro de culturas

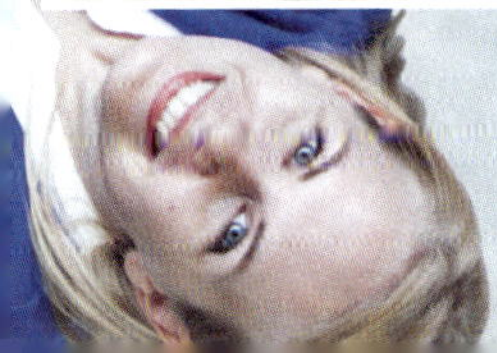

En esta unidad vas a...

- Narrar y describir en pasado
- Hablar de acciones anteriores a otras pasadas
- Referir lo que dijo otra persona
- Descubrir qué pueblos contribuyeron a formar la cultura española

¿Qué sabes?

1 **En parejas** Fíjate en esta vista que ofrece Google Earth. Con tu compañero/a, busca ejemplos de los accidentes geográficos del recuadro. Luego señala en el mapa dónde está España.

> península | costa | isla
> estrecho | mar | océano
> montaña | golfo | cabo

1.1 **En parejas** Lee las siguientes definiciones; ¿sabes cómo se llaman en español los accidentes geográficos que describen? Compara tus resultados con los de tu compañero/a.

1. Espacio llano entre montes o montañas. › ....
2. Gran masa de agua, generalmente dulce, separada del mar. › ....
3. Tipo de bosque en zonas del ecuador y tropicales. › ....
4. Abertura en una montaña por la que puede salir humo, llamas, piedras… › ....
5. Llanura extensa a cierta altitud sobre el nivel del mar. › ....
6. Terreno de arena o piedras donde casi no hay vegetación. › ....

1.2 **Todo el grupo** Vuelve a mirar el mapa y relaciona la posición geográfica de España con el título de la unidad: *Encuentro de culturas*.

2 **En grupos pequeños** Observa los templos que aparecen en las imágenes; ¿sabes cuáles de las principales religiones del mundo se practican en ellos? Habla con tus compañeros y, entre todos, completad la tabla.

	Religión	Persona que la practica	Templo donde se practica
1.	*catolicismo*	*católico/a*	*iglesia, catedral*
2.	....	....	....
3.	....	....	....
4.	....	....	....

3 **En parejas** Completa la tabla con el nombre del tiempo y las formas verbales que faltan en primera persona del singular.

	....	....	....
decir			*decía*
ir			
hacer			
poder	*he podido*		
querer			
saber		*supe*	

4 **En parejas** Lee el texto y subraya los verbos que están en pasado, en rojo si se usan para narrar y en azul si se usan para describir.

RAE

Caminé velozmente por calles que no reconocía, hasta llegar a un barrio de construcción reciente, limítrofe, en el que me perdí. Quise regresar, encontrar al menos alguna señal conocida. Decidí buscar un taxi, pero ni siquiera a lo lejos se percibía el sonido de un motor. **Todo el tráfico había desaparecido.** Seguí caminando con la intención de preguntar a alguien, en un bar tal vez. Pero todas las puertas estaban cerradas. Nada que tuviera movimiento existía aquella noche. Ya amanecía cuando al fin salí a una calle que me resultaba familiar.

Extraído de *La lógica del vampiro*, Adelaida García Morales, editorial Anagrama, 1990. Incluido en CREA (Corpus de Referencia del Español Actual)

4.1 **En grupos pequeños** Fíjate en la frase destacada del texto anterior; ¿sabes en qué tiempo está conjugado el verbo *desaparecer* y qué indica desde el punto de vista temporal?

5 **En parejas** Elige un papel, lee las citas de dos personalidades del mundo hispánico y cuéntaselas a tu compañero/a diciendo: *¿Sabías que X afirmó/dijo/pensaba/escribió que...?* Luego decidid cuál de ellas os parece más interesante y por qué.

Estudiante A

"El mundo cambia si dos se miran y se reconocen".

Octavio Paz, poeta, ensayista, dramaturgo y diplomático mexicano. Es uno de los grandes poetas hispanos de todos los tiempos.

"Yo creo firmemente que el respeto a la diversidad es un pilar fundamental en la erradicación del racismo, la xenofobia y la intolerancia".

Rigoberta Menchú, activista guatemalteca cuya lucha por los derechos de los indígenas fue reconocida con el Premio Nobel de la Paz (1992).

"El seguro de vida de cualquier especie es la diversidad. La diversidad garantiza la sobrevivencia".

Isabel Allende, escritora chilena (aunque nacida en Perú) y autora, entre otras muchas novelas, de *La casa de los espíritus*, traducida a más de 40 idiomas.

Estudiante B

"Lo mejor que el mundo tiene está en los muchos mundos que el mundo contiene; las distintas músicas de la vida, sus dolores y colores: las mil y una maneras de vivir y decir, creer y crear".

Eduardo Galeano, escritor y periodista uruguayo. Su libro *Las venas abiertas de América Latina*, traducido a 20 idiomas, fue censurado por las dictaduras militares de Uruguay, Chile y Argentina.

5.1 **Todo el grupo** Busca en internet una cita de un personaje al que admires, escríbela y léesela a tus compañeros. ¿Cuál os parece más interesante? ¿Por qué?

Palabras

1 **En parejas** En estas imágenes hay dos nombres intercambiados; localízalos. ¿Qué otros accidentes geográficos conoces en español? Repasa el apartado "¿Qué sabes?".

1. estrecho

2. cordillera

3. cabo

4. costa

5. río

6. golfo

1.1 [1] **En parejas** Lee las definiciones y marca si te parecen correctas o incorrectas. Luego escucha y comprueba tus respuestas.

1. Una península es un territorio rodeado completamente por el mar. .... C I
2. Un océano es un mar de gran extensión que separa continentes. .... C I
3. Una isla es una porción de tierra rodeada de agua por todas sus partes menos por una. .... C I
4. La costa es el límite entre el mar y la tierra. .... C I
5. Un estrecho es un paso que comunica dos mares. .... C I
6. Un cabo es un sistema de montañas. .... C I
7. Un golfo es una extensión de tierra que entra en el mar. .... C I
8. Una cordillera es la parte del mar que se interna en la tierra. .... C I

1.2 [1] **En grupos pequeños** Busca en internet un mapa físico de la península ibérica. Escucha de nuevo y localiza en el mapa los nombres que se mencionan.

2 **En parejas** Lee el texto y encuentra las cinco palabras relacionadas con el tiempo que se definen debajo. Compara el resultado con tu compañero/a.

Las primeras décadas del siglo VIII marcaron el principio de uno de los periodos más interesantes de la historia de España: la Reconquista. En una época de relativa tolerancia religiosa, judíos y cristianos convivían en paz en la península ibérica. Pero en el año 711 se produjo una invasión musulmana que en poco tiempo fue ganando terreno y que provocó la reacción de los cristianos, que comenzaron a luchar para recuperar los territorios perdidos; este periodo histórico pasó por diferentes etapas y duró casi 800 años. En 1492 los Reyes Católicos conquistaron Granada, el último reino musulmán que quedaba en la península.

1. .... Cien años.
2. .... Fase en el desarrollo de algo.
3. .... Tiempo caracterizado por determinados hechos históricos y modos de vida.
4. .... Diez años.
5. .... Ciclo de tiempo.

Castillo medieval de Loarre, Aragón

3 Lee el texto y complétalo con las palabras del recuadro.

religiones | mezquitas | iglesias | musulmanes | templos | judíos | ateos | creyentes

Así son las minorías religiosas que viven en España

Aunque según datos del CIS (Centro de Investigaciones Sociológicas) el 61.6 % de los españoles se consideran católicos, el 35.5 % son [1] ...., no creyentes o agnósticos y solo el 1.6 % practica otras religiones, lo cierto es que esas cifras solo toman en cuenta a la población con nacionalidad española y no a los extranjeros que viven en España.

Evangélicos, musulmanes, testigos de Jehová, judíos, budistas..., la variedad de [2] .... que conviven en España ha crecido en los últimos años debido, principalmente, a la llegada de inmigrantes desde distintas partes del mundo. En España existen más de 7000 [3] .... de diferentes confesiones religiosas minoritarias, lo que representa alrededor del 21 % del total. El resto son templos católicos, es decir, [4] ....

El islamismo es la segunda religión en España, después del catolicismo. Hay casi 1.9 millones de [5] ...., lo que equivale casi a un 4 % de la población, y cerca de 1400 [6] ....

Esta posición se debe a la inmigración procedente, principalmente, de Marruecos.

El número de [7] .... cristianos evangélicos es ya de un millón y medio y provienen principalmente de América Latina. Sus iglesias suman el 57 % de los lugares de culto correspondientes a las religiones minoritarias en España.

Además, se calcula que en España hay 110 000 testigos de Jehová, unos 45 000 [8] .... y 40 000 budistas y diferentes cantidades, ya menores, de fieles de otras religiones.

Adaptado de https://www.europapress.es/sociedad/noticia-asi-son-minorias-religiosas-viven-espana-20160601172504.html

Recuerda:
Los porcentajes en español se pueden escribir con punto o con coma. Se leen así:
*32.7 % › treinta y dos **punto** siete por ciento*
*32,7 % › treinta y dos **coma** siete por ciento*

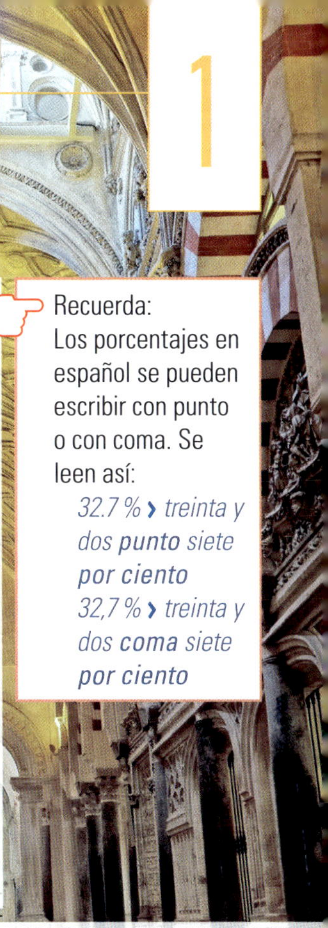

Mezquita-Catedral de Córdoba

RAE **LÉXICO**
En el español de México, Puerto Rico y Cuba se usa la palabra porciento en lugar de porcentaje:
*Un gran **porciento** de las máquinas herramienta de nuestro país es de fabricación antigua.*

3.1 Escribe en letras los porcentajes que aparecen en el texto.

....
....
....

4 **En parejas** Relaciona cada verbo con su significado. ¿Qué tienen todos en común? Trabaja con tu compañero/a.

1. advertir
2. repetir
3. afirmar
4. asegurar
5. reconocer
6. añadir

a. Decir algo otra vez.
b. Admitir, aceptar algo como cierto.
c. Llamar la atención sobre algo, prevenir.
d. Decir algo con certeza, sin duda.
e. Decir algo más, ampliar la información.
f. Dar por cierto algo, responder afirmativamente.

4.1 **En parejas** Escribe en tu cuaderno estas frases sustituyendo el verbo *decir* por alguno de los verbos de la actividad anterior. Puede haber más de una solución posible. Luego compara con tu compañero/a.

1. Marta dijo también que no volvería nunca más a su casa.
2. Nos ha dicho que está lloviendo, que cojamos el paraguas.
3. El ministro dijo que ya hay fecha para las nuevas elecciones.
4. Juan dijo que Marta tenía razón, que él se había equivocado.
5. No digas algo de lo que no estás seguro, infórmate bien antes.
6. Díselo otra vez, creo que no te ha oído.

Gramática

1 Pretérito perfecto, indefinido e imperfecto (repaso)

- Usamos el **pretérito perfecto** para hablar de acciones **terminadas** en un **tiempo aún no terminado** o que percibimos como presente. También se usa para hablar de **experiencias** en general, sin una idea específica de tiempo:

  *¿**Has visto** a Raquel **esta semana**? Yo me la **he encontrado esta tarde**.*
  *No **he viajado nunca** en barco, ¿y tú?*

- Usamos el **pretérito indefinido** para hablar de acciones **terminadas** en un **tiempo** también **terminado**. Sirve para contar anécdotas, hechos históricos o acontecimientos:

  ***Hace un mes vino** Juan y **estuvo** por aquí un par de días.*
  *Colón **llegó** a América en 1492.*

  Como puedes ver, ambos pretéritos expresan **acciones terminadas**. El perfecto lo hace en relación con el presente, y el indefinido, con el pasado. Usamos estos tiempos para la **narración** de hechos pasados:

  ***Esta tarde he hablado** con Luis./**Ayer por la tarde hablé** con Luis.*

- El **pretérito imperfecto** presenta la acción en un tiempo pasado, pero no especifica el comienzo o el final de la misma, solo indica su **desarrollo**. Por eso el imperfecto es el tiempo que usamos para **describir** en el pasado, para hablar de las **circunstancias** que rodean los hechos:

  *Aquella noche **había** poca gente en la calle porque **hacía** frío y **llovía**.*
  ***Era** un hombre alto y moreno, **llevaba** gafas y **tenía** unos 40 años.*
  ***Estaba haciendo** la comida cuando **llegaron** los niños.*
  ***Han llamado** a la puerta mientras **hablaba** por teléfono y no **he podido** abrir.*

Fíjate:
Cuando se quiere dar mayor viveza a una narración, se puede usar el presente histórico:
*Colón **llega** a América en 1492.*

RAE

GRAMÁTICA

- La oposición pretérito perfecto/indefinido tal y como la has estudiado aquí se da en la mayor parte de España, noroeste de Argentina, costa peruana, Bolivia y parte de Colombia.
- En México, Centroamérica y la zona caribeña se usa el pretérito perfecto, pero con un valor diferente, pues se utiliza solo si **las acciones no están terminadas** en presente (es decir, se tiene en cuenta el aspecto del verbo –si se trata de una acción acabada o no–, no solo el tiempo en que sucede):
  *Los años pasaron y la edición se agotó, pero el interés por el tema no se **ha terminado**.*
  En el resto de los casos, se usa el pretérito indefinido para indicar que la acción está **terminada** independientemente del tiempo en el que sucede: ***Hoy vino** tarde, **trajo** un libro y **habló** de la muerte.*
- En Chile, la mayor parte de Argentina, el noroeste de España y las islas Canarias se prefiere el pretérito indefinido independientemente de su valor aspectual o temporal: *Mañana vuelvo, y me voy a olvidar de que **hoy estuve** acá [...].*

Distribución Zona

Zona	Freq	Fnorm.[1]
España	368	3,56
México y Centroamérica	57	0,99
Caribe continental	38	1,03
Andina	32	1,37
Antillas	20	0,94
Chilena	16	0,90
Río de la Plata	14	0,33
Guinea Ecuatorial	2	2,22
Estados Unidos	1	0,27
1 - 9 de 9		página: 1

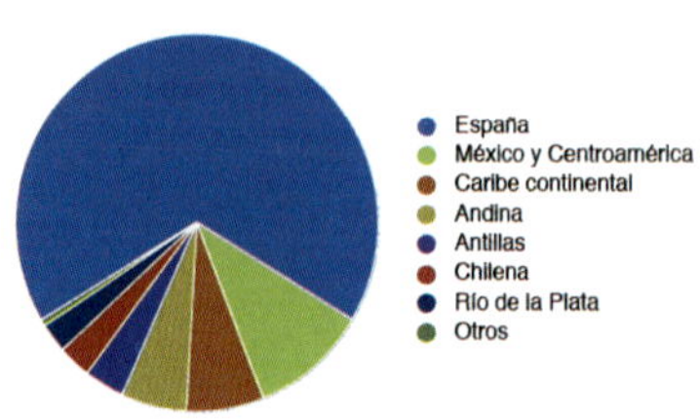

[1] **Freq:** frecuencia conjunta (número total de ocurrencias obtenidas para la consulta realizada).

Fnorm.: frecuencia normalizada (número de ocurrencias de la consulta por cada millón de palabras de la categoría que le corresponde en la distribución).

Muestra de la frecuencia de uso del pretérito perfecto en España e Hispanoamérica (CORPES XXI)

1.1 **En parejas** Pregunta a tu compañero/a y completa estas frases con la información que te dé.

1. Antes me ponía muy nervioso/a cuando... ....
2. La última película que he visto... ....
3. De niño/a me encantaba... ....
4. Durante las últimas vacaciones... ....
5. Mi maestro/a preferido/a del colegio... ....
6. Este año aún no... ....
7. Me aburrí mucho el día que... ....
8. Mi primera mascota... ....

1.2 **Todo el grupo** Comparte con el resto de la clase la información de tu compañero/a. Puedes hacer preguntas si quieres saber más sobre otros compañeros.

1.3 **En parejas** Vas a leer un texto sobre la influencia árabe en la cultura española. Antes, marca las afirmaciones que te parecen verdaderas.

1. ☐ Los números que usamos son de origen árabe.
2. ☐ El flamenco tiene influencia árabe.
3. ☐ Aproximadamente mil palabras españolas provienen del árabe.
4. ☐ Hubo periodos durante los que en España convivieron en paz cristianos, musulmanes y judíos.
5. ☐ *Naranja* y *aceite* son palabras de origen árabe.
6. ☐ En el pasado, los árabes llamaban Andalucía a España.

1.4 **En parejas** Conjuga en pasado los verbos entre paréntesis y, luego, comprueba tus respuestas anteriores.

Detalle de plato adamascado, Toledo

Cristianos, musulmanes y judíos [1] .... (convivir) en paz en muchas ciudades de al-Ándalus, que así [2] .... (llamar) los árabes a España durante el periodo en que [3] .... (tener) el control de la mayor parte de la península ibérica.

Los árabes [4] .... (dejar) huella de muchas maneras en la cultura española; [5] .... (llegar) hasta nosotros palabras, comidas, costumbres, tradiciones y expresiones artísticas que [6] .... (convertir) a España en uno de los países más influenciados por oriente. En la música, por ejemplo, [7] .... (traer) instrumentos y melodías que, más tarde, junto a otras influencias, [8] .... (dar) lugar a la guitarra y al flamenco. Los árabes también [9] .... (introducir) el álgebra y, con ella, el uso de los números arábigos (hasta entonces se [10] .... (usar) los números romanos), o la alquimia; también [11] .... (recuperar) gran parte de la filosofía griega, que [12] .... (estar) olvidada.

Albóndigas

En la gastronomía española nos [13] .... (dejar) el uso de las especias, las hierbas, los garbanzos y platos tan típicos como las albóndigas.

Por último, en español nos [14] .... (quedar) más de 4000 palabras de origen árabe; palabras de uso tan cotidiano como *aceite, almohada, hasta, naranja, ojalá* o *zanahoria*.

Mihrab de la Mezquita de Córdoba

1.5 **En parejas** Relaciona la información del recuadro con una de las dos situaciones. Luego ordena las frases lógicamente, conjuga los verbos en pasado y escribe en tu cuaderno ambos relatos. Por último, compara el resultado con tu compañero/a y rectifica si lo crees necesario.

> **a.** Ir a Cancún. | **b.** Ser mi cumpleaños. | **c.** Ser verano. | **d.** Hacer una fiesta sorpresa. **e.** Alojarse en un hotel. | **f.** Estar con mis amigos. | **g.** El hotel estar en el centro. **h.** Hacer muchas excursiones. | **i.** Regalarme un montón de cosas. | **j.** Haber mucha comida. **k.** Poner música. | **l.** Traerse muchos recuerdos. | **m.** Todos parecer contentos. **n.** Estar dos semanas. | **ñ.** Ir a la playa cada día. | **o.** Recibir muchas felicitaciones. **p.** Practicar mucho español. | **q.** Hacer surf. | **r.** Después ir a bailar.

1. Este fin de semana: ....
2. La primera vez que salí de mi país: ....

2 Pretérito pluscuamperfecto de indicativo

- El **pretérito pluscuamperfecto** de indicativo es un tiempo del **pasado** que se forma con el **pretérito imperfecto** del verbo *haber* y el participio del verbo principal:

yo	**había**	
tú	**habías**	
él, ella, usted	**había**	habl**ado**
nosotros/as	**habíamos**	com**ido**
vosotros/as	**habíais**	viv**ido**
ellos, ellas, ustedes	**habían**	

- El pretérito pluscuamperfecto se usa para hablar de una acción terminada que precede a otra acción también terminada; es decir, es un **pasado anterior a otro pasado**:
  *El autobús se retrasó mucho y, cuando llegué, mis amigos ya **se habían ido**.*
  (La acción de irse es anterior a la de llegar).
  *No tomé nada en el bar; no tenía hambre porque ya **había cenado**.*
  (La acción de cenar es anterior a la de tomar).
- También sirve para hablar de una **experiencia** que se tiene **por primera vez**:
  ***Nunca** antes **había hecho** un viaje tan interesante.*
- Por último, se usa para expresar la **inmediatez** de dos acciones en el pasado:
  *Le pedí dinero y a los cinco minutos **ya me lo había dado**.*

Recuerda:
- Hay algunos participios irregulares: *visto, hecho, escrito, puesto...*
- El participio es invariable en género y número: *él había **visto**, ellos habían **visto**, ella había **visto**...*
- Con los verbos reflexivos, el pronombre se coloca delante del verbo: ***me** había duchado, **te** habías acostado, **nos** habíamos vestido...*

2.1 Fíjate en las imágenes y escribe frases usando el pretérito pluscuamperfecto.

1

2

3

4

5

6

2.2 **En parejas** Escribe tres cosas que ya habías hecho cuando tenías 12 años y tres que aún no habías hecho. Cuéntaselo a tu compañero/a.

Ya...	Todavía no...
....	....
....	....
....	....

3 Estilo indirecto o discurso referido

- Cuando contamos lo que ha dicho otra persona podemos repetir literalmente esas palabras *(María dijo: "Tengo hambre")*, aunque lo normal es usar el **estilo indirecto**, que nos permite matizar, resumir o dar una interpretación subjetiva a ese mensaje.
- En el estilo indirecto se producen **cambios gramaticales** que afectan a los pronombres, a los demostrativos, a los tiempos verbales... Fíjate en estos ejemplos:

  "Esta es mi casa". › Dijo/Exclamó que esa/aquella era su casa.

  "Me voy de aquí". › Se enfadó y dijo que se iba de allí.
- En cuanto a los cambios verbales, estos se producen cuando el verbo principal *(decir, preguntar, exclamar, afirmar, asegurar...)* está en pasado, es decir, cuando cambia el marco temporal. Estos son los cambios principales:
  - presente › pretérito imperfecto: *"**Estoy** bien". › Dijo que **estaba** bien.*
  - pretérito perfecto › pretérito perfecto/pluscuamperfecto:

    *"¿Ya **se ha ido** tu madre?". › Me ha preguntado si ya **se ha ido/había ido** mi madre.*
  - pretérito indefinido › pretérito pluscuamperfecto:

    *"**Fuimos** solas". › Aseguraron que **habían ido** solas.*

Fíjate:
Cuando el verbo principal está en pretérito perfecto, este se refiere al presente o al pasado:
"Me voy, tengo mucha prisa".
***Ha dicho** que **se va** porque **tiene** mucha prisa.*
***Ha dicho** que **se iba** porque **tenía** mucha prisa.*

3.1 Vuelve a leer las citas de la actividad 5 del apartado "¿Qué sabes?" y transfórmalas al estilo indirecto.

1. Octavio Paz afirmó que ....
2. Rigoberta Menchú dijo que ....
3. Isabel Allende declaró que ....
4. Eduardo Galeano explicó que ....

3.2 **Todo el grupo** Tomando como modelo el ejemplo, responde a estas preguntas.

Ejemplo: *Hace poco mi profesor me dijo que era una persona muy empática, que me ponía siempre en el lugar del otro. Me gustó mucho... La empatía facilita la convivencia y evita muchos malentendidos y problemas.*

Algo bonito que te han dicho alguna vez.

Lo primero que has pensado esta mañana.

Lo más divertido que te han contado.

La pregunta más difícil que te han hecho.

La cosa más rara que te han contado.

Lo que pensaste de tus compañeros el primer día de clase.

La mayor mentira que has dicho en tu vida.

Lo más triste que te han contado.

Practica en contexto

1 [2] **Tres compañeros de clase, Virginia (V), Santi (S) y Martina (M), hablan sobre el trabajo que les ha pedido la profesora de Geografía e Historia. Escúchalos y relaciona las siguientes afirmaciones con cada uno de ellos.**

1. ☐ Dice que no ha decidido aún sobre qué hará el trabajo.
2. ☐ Afirma que lo va a hacer sobre aspectos geográficos de la tierra de sus padres.
3. ☐ Piensa que la naturaleza y los paisajes de Hispanoamérica son muy distintos a los de España.
4. ☐ Explica que, quizá, va a hacer el trabajo sobre aspectos históricos de la tierra de sus padres.
5. ☐ Reconoce que no sabía que a Toledo la llaman *la ciudad de las tres culturas*.
6. ☐ Sabía que a Toledo la llaman *la ciudad de las tres culturas*.
7. ☐ Asegura que en Toledo hay templos musulmanes, judíos y cristianos de época medieval.
8. ☐ Dice que solo estuvo en Toledo una vez, de niña.
9. ☐ Quiere hacer el trabajo sobre la riqueza cultural y étnica de Hispanoamérica.
10. ☐ Explica que el 12 de octubre se celebra en Argentina el Día del Respeto a la Diversidad Cultural.

2 **En parejas** **A continuación tienes algunos lugares que ha elegido Martina para su trabajo y las primeras notas que ha tomado. Relaciona cada lugar con su nota correspondiente.**

1. ☐ desierto de Atacama | **2.** ☐ canal de Panamá | **3.** ☐ cordillera de los Andes
4. ☐ selva amazónica | **5.** ☐ mesetas de Perú

a. Es la cadena montañosa más larga del mundo. Va desde Venezuela hasta Chile pasando por otros cinco países más. Su pico más alto es el Aconcagua, de 6962 m, uno de los más altos del mundo.

b. Es la mayor del mundo. Su extensión es de 7 000 000 km² repartidos entre nueve países y está atravesada por el río Amazonas, que es el más largo del planeta con casi 7000 km de longitud.

c. Se encuentra en el norte de Chile, entre la cordillera de los Andes y el océano Pacífico. Está considerado como el lugar más seco del mundo. Según los datos registrados, en el año 1971 cayó la primera lluvia después de cuatro siglos.

d. No es un estrecho porque fue construido por los hombres. Comunica el océano Atlántico con el Pacífico en el punto más estrecho de Centroamérica, de 82 km.

e. Las principales, que forman el altiplano andino, son las de Collao, Bombón y Galeras. En la de Collao, a una altitud de 3600 m, se encuentra el lago Titicaca, que es el lago navegable más alto del mundo y que forma una frontera natural entre Perú y Bolivia.

Localizar y describir un lugar

- Recuerda que para **localizar y describir un lugar** se usan principalmente los verbos *ser*, *estar* y *tener*. Además, si quieres usar un lenguaje más formal o académico, puedes utilizar las siguientes expresiones:
  - **Se halla/Se encuentra/Se sitúa/Está situado(a)/Discurre** (referido a un río)
  - **Va desde... hasta...**
  - **Tiene una altitud de X metros** (m)/ **una longitud de X kilómetros** (km)/**una extensión de X kilómetros cuadrados** (km²)
- Además, en este tipo de descripciones es muy frecuente el uso del **superlativo**:
  *Es el río **más largo del** mundo.*
  *Es la provincia **más grande de** la comunidad autónoma.*
  *El canal de Panamá está considerado una de las obras de ingeniería **más importantes de** la historia.*

2.1 **Busca información en internet y toma notas sobre la geografía de tu país o región tratando estos temas: cordilleras, picos más altos, mares, lagos, islas, cabos, golfos, ríos, desiertos, selvas...**

2.2 **Todo el grupo** Con la ayuda de un mapa, presenta tu trabajo al resto de la clase. Comenta el de tus compañeros y pregunta todo lo que quieras saber.

3 **Todo el grupo** El trabajo de Santi trata sobre el Día del Respeto a la Diversidad Cultural. ¿Qué crees que se celebra ese día y por qué es el 12 de octubre?

3.1 Ordena estas notas de Santi y comprueba tu respuesta anterior.

- [ ] El 12 de octubre se conmemora el momento histórico en el que habitantes de Europa llegaron por primera vez al continente americano.
- [ ] y valoraba, en cambio, la inmensa variedad de culturas que los pueblos indígenas y afrodescendientes habían aportado y aportaban a la identidad del continente.
- [ ] Se estableció, así, el 12 de octubre como un día de reflexión histórica y diálogo intercultural que dejaba atrás la conmemoración de "la conquista" de América
- [ ] por Día del Respeto a la Diversidad Cultural. Se argumentó que la clasificación de la humanidad en razas carecía de validez y tenía un significado negativo.
- [ ] En Argentina se recordaba esta fecha como el Día de la Raza. En 2007, se presentó un proyecto en el que se proponía cambiar la denominación de esa fecha

Presentar un trabajo ante una audiencia

- Para **destacar un elemento del discurso**, puedes usar:
  - sobre todo/en concreto/en particular/especialmente/concretamente

    *Es una región muy montañosa, **especialmente** al norte.*
  - **Es importante** + infinitivo

    ***Es importante** tener en cuenta que mi ciudad está en una isla.*
- Para **introducir un nuevo tema**:
  - en cuanto a/respecto a/por otra parte/a continuación

    ***Respecto al** mar, mi país tiene mil kilómetros de costa.*
- Para **interrumpir**, hacer una pregunta o pedir una aclaración:
  - Un momento, **¿puedo decir una cosa?**
  - **(Solo) una cosa...**
  - Perdona/Lo siento, pero **¿puedo hacer una pregunta/decir algo?**
- Si no se desea ser **interrumpido**:
  - Por favor, **déjame terminar**.
  - **Solo un minuto** (por favor).

4 **En parejas** Santi comienza su trabajo con un texto sobre los pueblos precolombinos, pero lo ha copiado de internet y tiene errores en el uso de los pasados; corrígelos. Ten en cuenta que puede haber más de una opción.

Reyes mayas, bajorrelieve, Palenque, Chiapas, México

Los pueblos precolombinos eran los que han vivido en América antes de la llegada de Colón en la última década del siglo XV. La mayoría solo eran pequeñas tribus, pero algunos, como los incas, los aztecas y los mayas, habían sido grandes imperios.

Los incas vivían en el territorio actual de Perú, Ecuador y parte de Bolivia. Los aztecas han poblado el valle de México y el Imperio maya ocupaba el sur del actual México, Guatemala y Honduras.

Los incas surgían en la actual ciudad de Cusco (Perú) a finales del siglo XII y, gracias a su gran organización militar, en menos de cincuenta años convertían a esta cultura en la más extensa de América.

Máscara funeraria inca, Museo Oro del Perú, Lima, Perú

Los aztecas vivían en tribus. Recibieron la influencia cultural de otros pueblos, en especial de toltecas y mayas. Fueron grandes arquitectos, han construido grandes pirámides escalonadas y también destacaron como escultores y pintores.

La cultura maya es la cultura precolombina más antigua. Se habían organizado en ciudades independientes. Los mayas eran expertos matemáticos y tuvieron amplios conocimientos de astronomía y ciencia.

Pirámide del Sol, Teotihuacán, México

Los números ordinales a partir del 10.°

- 11.° undécimo/a
- 12.° duodécimo/a
- 13.° decimotercero/a
- 14.° decimocuarto/a
- 15.° decimoquinto/a
- 16.° decimosexto/a
- 17.° decimoséptimo/a
- 18.° decimoctavo/a
- 19.° decimonoveno/a
- 20.° vigésimo/a

*El atleta colombiano quedó en **duodécima** posición, y el español, en **decimoquinta**.*

Coloquialmente solo se usan los ordinales del 1.° al 10.°. Para el resto de los números ordinales se usan los correspondientes números cardinales:

*El bisabuelo de Felipe VI (**sexto**) era Alfonso XIII (**trece**).*

*Tiene el apartamento en el **cuarto** piso y el despacho en el número **catorce**.*

4.1 **Todo el grupo** Elige uno de los pueblos precolombinos del texto anterior y busca en internet las respuestas a estas preguntas. Luego comparte la información con el resto de la clase.

- ¿Cómo estaban organizados socialmente?
- ¿Tenían reyes o era otra la figura principal? ¿Quién gobernaba?
- ¿Qué creencias religiosas tenían? ¿Creían en un solo dios o en más de uno?
- ¿Qué ritos religiosos practicaban?
- ¿Tenían lugares para celebrar el culto? ¿Se reunían en algún tipo de templo?

5 [3] **Santi está buscando información sobre la diversidad cultural de Argentina en la web de una empresa especializada en test de ADN. Escucha su conversación con Martina y completa la tabla con la información que falta.**

Orígenes de la población en Argentina

ibérico		asiático occidental	11.7 %
mesoamericano y andino	56.1 %	de Oriente Medio	
italiano		sardo	11.1 %
europeo del noroeste	26.4 %	europeo oriental	
griego y del sur de Italia	25.9 %	irlandés, escocés, galés	7.2 %
judío (askenazí y sefardí)		inglés	6.2 %
norteafricano	19.7 %	báltico	3.3 %
balcánico	16 %	finlandés	2.5 %
escandinavo		nigeriano	

Adaptado de https://www.myheritage.es/ethnicities/argentina/country-ethnicity-distribution

5.1 **En parejas** Santi investiga sobre los test de ADN y escribe un artículo para su trabajo. Léelo y pon cada fragmento en su lugar correspondiente para completar el texto de la página siguiente. Trabaja con tu compañero/a.

a. decidí hacerme un test de ADN y recibí una sorpresa tremenda porque yo creía que todos mis ancestros eran de España, pero resulta que una parte importante de ellos procedía

b. ya ha podido pasearse por España con unos familiares residentes en Estados Unidos que descendían de cubanos que, a su vez, tenían ascendentes que venían

c. hace un año solicitó el test a unos laboratorios internacionales de los que le habían hablado

d. también tuve un tatarabuelo rubio con ojos azules

e. hace 52 años que vivo en Suecia. Aquí empecé a entusiasmarme sobre mis orígenes, tanto en Cataluña como en Murcia, y di algunos pasos

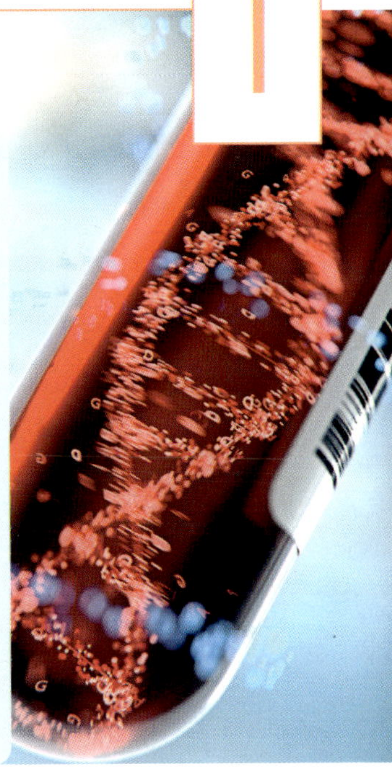

La fiebre del ADN llega a España

El caso de Joseph, de madre catalana y padre murciano, es un buen ejemplo. "Acabo de cumplir 60 años y [1] ☐ en varias direcciones", cuenta. "Sin embargo, los archivos existentes me permitían llegar solo hasta el siglo XVII. Entonces [2] ☐ del sur de Suecia. Mi mujer y yo tenemos aspecto mediterráneo, somos morenos y tenemos los ojos oscuros, pero mi hija mayor y mis nietas son altas y rubias, y al parecer es que [3] ☐", añade.

Cristina, de padre riojano y madre canaria, aficionada a rastrear en su historia familiar, [4] ☐ muy bien y que cuentan con unas enormes bases de datos que ofrecen una gran precisión en la búsqueda de parientes. Gracias a los resultados, Cristina [5] ☐ de Canarias. Otra vez se cierra el círculo. "Somos una mezcla inesperada", afirma Cristina.

Entre curiosos, aficionados y expertos, también hay quien acude a la genealogía genética por necesidad, como es el caso de muchas personas adoptadas. Lo que está claro es que el *boom* de la genealogía solo acaba de empezar.

Adaptado de https://www.elconfidencial.com/tecnologia/ciencia/2017-03-19/genealogia-adn-genetica-suecia-murcia-ancestros-vikingos_1350698/

5.2 **Todo el grupo** Pregunta a tu compañero/a qué sabe de sus antepasados: quiénes eran, de dónde procedían, si alguno era de otra nacionalidad, por qué emigraron… Luego cuenta al resto de la clase lo que te ha dicho tu compañero/a, siguiendo el ejemplo.

Ejemplo: *David* ***me ha dicho que*** *sus abuelos eran de Alemania y que habían llegado a su país para…*

5.3 **Todo el grupo** ¿Qué te parece la idea de hacerte una prueba de ADN para conocer tus orígenes? ¿Crees que puede ser útil? ¿Por qué?

6 [4] Virginia está seleccionando fotos para su trabajo sobre Toledo. Escucha su conversación con Santi y marca el orden en que se menciona cada imagen.

6.1 [4] Vuelve a escuchar y toma notas. Imagina que eres Virginia o Santi y que escribes un correo electrónico a Martina para contarle la conversación. Escribe el correo en tu cuaderno.

7 **En grupos pequeños** Piensa en una ciudad donde en la actualidad convivan diferentes culturas. Busca información e imágenes y luego compártelo con tus compañeros.

7.1 **Todo el grupo** ¿Qué ventajas piensas que puede tener vivir en un lugar en el que conviven diferentes culturas? Argumenta tu respuesta.

Todos los nombres de España

1 **En parejas** La península ibérica, a lo largo de su historia, ha tenido diferentes nombres. Relaciona cada pueblo con el nombre que le dio a este territorio y con su escritura original.

1. griegos	a. Sefarad	A. Ιβερια
2. romanos	b. Iberia	B. الأندلس
3. judíos	c. Al-Ándalus	C. ספרד
4. árabes	d. Hispania	D. Hispania

Palacio árabe de la Alhambra, Granada

Estatua de Asclepio en las ruinas griegas de Ampurias, Gerona

Teatro romano de Mérida, Badajoz

2 **Lee el siguiente texto sobre el origen de la palabra *España* y haz una lista de todos los pueblos que pasaron por este territorio.**

El nombre *España* proviene de *Hispania*, que es el nombre que usaban los romanos para denominar a la península ibérica. Los historiadores y escritores latinos desconocían su origen etimológico y pensaban que esta palabra significaba 'tierra de conejos' porque, al parecer, estos animales poblaban el territorio en aquella época. De hecho, en algunas representaciones y monedas hechas en Hispania suele aparecer una mujer con un conejo a sus pies.

Sin embargo, según la teoría más reciente, esta palabra procede de la fenicia *I-span-ya*. Los fenicios habitaron muchas de las colonias mediterráneas griegas; entre ellas, la península ibérica. La teoría más aceptada en la actualidad sugiere que *I-span-ya* significa 'tierra donde se trabajan los metales', ya que *spy* en fenicio significa 'golpear metales' y tendría su origen en la fama que por entonces tenían las minas de oro de la península ibérica.

También existió la teoría, ya desechada, que defendía la creencia de que *Hispania* era una variación de *Hispalis*, palabra de origen íbero que tal vez significaba 'ciudad de occidente'. Los íberos fueron uno de los primeros pueblos que se asentaron al este y al sur de la península. Según esta teoría, Hispalis, la actual Sevilla, era la ciudad principal en aquella época y quizá por eso los fenicios, y posteriormente los romanos, dieron su nombre a todo el territorio peninsular.

Inicialmente, los griegos llamaron a las actuales tierras de España y Portugal *península ophioússa*, que significa 'tierra de serpientes'. Sin embargo, con los años, los griegos la terminaron llamando *Iberia*, pues *iber* era una palabra que oían constantemente entre los habitantes de la península.

Adaptado de http://www.abc.es/espana/20140829/abci-donde-procede-palabra-espana-201408281811.html

Imagen icónica de la península ibérica con su nombre escrito en hebreo

2.1 **Todo el grupo** Busca el origen del nombre de tu país y cuéntaselo a tus compañeros.

2.2 **Todo el grupo** ¿Sabías que en España habían habitado tantos pueblos diferentes? ¿En qué aspectos crees que es enriquecedor? ¿Crees que esto puede provocar algún tipo de conflicto? ¿Por qué?

Vídeo

Cartelera DE CINE

Los años bárbaros

Sinopsis

Durante la posguerra española, en el año 1947, dos jóvenes universitarios miembros de asociaciones de estudiantes contrarias al régimen son condenados a ocho años de cárcel y enviados al campo de trabajo del Valle de los Caídos. Una vez allí, consiguen escaparse gracias a la ayuda de un francés especialista en fugas, a través de un plan organizado. Empiezan entonces un viaje por España acompañados de unas supuestas viajeras norteamericanas que conocen durante su fuga y que simpatizan con sus ideas democráticas de libertad.

Antes de la secuencia

1 **Todo el grupo** Lee la sinopsis de la película y relaciona estas imágenes con sus descripciones.

A

B

C

D

1. Tomás y Jaime fueron trasladados al Valle de los Caídos, un campo de trabajo en la sierra de Madrid, donde los presos políticos del franquismo cumplían sus condenas con trabajos forzosos.
2. Una noche, Tomás, Jaime y otros universitarios contrarios al régimen quedaron para hacer pintadas de protesta en los muros de la universidad.
3. Los dos estudiantes fueron arrestados y encarcelados antes de su juicio. Posteriormente, los condenaron a ocho años de prisión y a trabajos forzosos en el Valle de los Caídos.
4. Esa misma noche, mientras regresaban de hacer las pintadas junto al resto de sus compañeros, Tomás y Jaime fueron sorprendidos y detenidos casi en el acto.

Durante la secuencia

2 Visiona la secuencia y elige la opción correcta.

1. **Los guardias civiles...**
   a. sospechan de las parejas.
   b. hacen un control rutinario de carretera.
   c. paran el vehículo por exceso de velocidad.

2. **Los guardias civiles no entienden la nacionalidad de la joven porque ella lo dice...**
   a. en español con acento extranjero.
   b. mal a propósito.
   c. en su lengua y los guardias no entienden inglés.

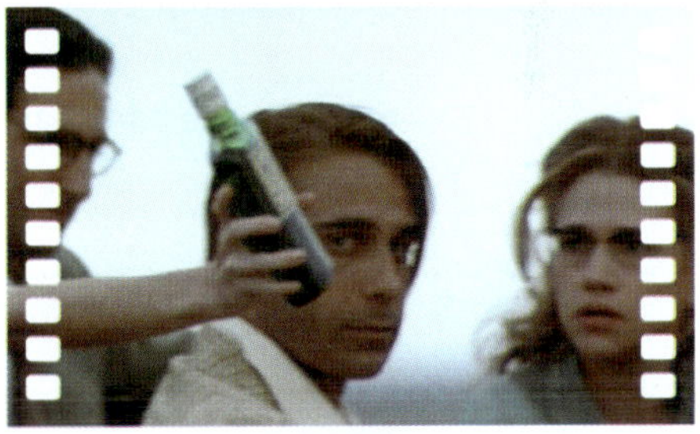

3. **Los guardias civiles se relajan y olvidan su obligación...**
   a. porque aceptan el regalo de una de las jóvenes: *whisky* escocés de importación.
   b. porque les parece muy divertido el juego de palabras entre la marca de la bebida y la documentación exigida.
   c. porque una de las jóvenes sí encuentra su pasaporte.

2.1 **En parejas** Vuelve a ver la secuencia y escribe las anécdotas lingüísticas o culturales que detectas. Luego compara con tu compañero/a. ¿Lo habéis interpretado de la misma manera?

....

....

....

....

....

Después de la secuencia

3 **En grupos pequeños** Responde a estas preguntas sobre aspectos históricos mencionados en la película. Puedes consultar internet.

1. ¿Sabes a qué se refiere la joven que conduce cuando menciona a los maquis?
2. El padre de Kate fue un brigadista internacional. ¿Sabes qué eran las Brigadas Internacionales?
3. ¿Sabes dónde está y para qué fue finalmente destinado el Valle de los Caídos, el campo de trabajo de los personajes?
4. Explica qué elementos del argumento hacen que la historia sea anecdótica, insólita y dramática.

Evaluación

1 **Relaciona cada palabra con su significado.**

1. meseta
2. mar
3. península
4. costa
5. océano
6. cordillera

a. Sistema de montañas.
b. Territorio rodeado de agua por todas partes menos por una.
c. Masa de agua que cubre gran parte de la Tierra.
d. Mar de gran extensión que separa continentes.
e. Orilla del mar y tierra que está cerca de ella.
f. Llanura extensa a cierta altitud sobre el nivel del mar.

2 **Completa el texto con las palabras de la actividad anterior.**

La [1] .... ibérica tiene aproximadamente 7771 kilómetros de [2] ...., con el mar Mediterráneo al este y el [3] .... Atlántico al oeste. Al norte, el océano recibe el nombre de [4] .... Cantábrico. Una gran parte del interior de la península está ocupada por la [5] .... central, dividida por la [6] .... del sistema Central.

3 **Escribe cada palabra del recuadro debajo de la imagen correspondiente.**

lago | desierto | valle | isla | volcán | selva

1. ....

2. ....

3. ....

4. ....

5. ....

6. ....

4 **Completa libremente las siguientes frases utilizando el pretérito pluscuamperfecto. ¿Qué valor tiene el pluscuamperfecto en cada una de ellas?**

1. Cuando llegamos, las tiendas ....
2. Esta mañana, a las diez, todavía no ....
3. Me dijo que Javi, el día antes, ...
4. Ya sabíamos que vosotras ....
5. Antes de anoche, nunca ....
6. Cuando empezaron a discutir, Juan ya ....

7. Me lo habían dicho muchas veces, pero ....

8. Ya había nacido mi hermano cuando ....

9. Le pedí ayuda y al minuto ....

10. Sí, antes ya ....

5 Conjuga los verbos entre paréntesis en la forma adecuada del pasado.

[1] .... (Llegar, yo) a Granada el lunes. Ya [2] .... (estar) aquí antes, pero una vez más la ciudad [3] .... (volver) a sorprenderme. Lo primero que [4] .... (hacer) mi amigo y yo [5] .... (ser) ir al mirador de San Nicolás para ver la Alhambra. Luego [6] .... (dar) un paseo por la calle de las teterías.
Mi amigo nunca [7] .... (estar) y le [8] .... (encantar); [9] .... (él, decir) que le [10] .... (recordar) a Marrakech. El viernes, él [11] .... (irse) y [12] .... (yo, alquilar) un coche para ir a Sierra Nevada a esquiar. Nunca [13] .... (estar) allí. Me [14] .... (gustar) mucho. [15] .... (Hacer) un día maravilloso y no [16] .... (haber) demasiada gente, así que me [17] .... (pasar) todo el día esquiando.
Pero las vacaciones ya [18] .... (terminarse). Esta mañana [19] .... (empezar) las clases y ya no soy un turista, sino un estudiante en Granada.

6 Reescribe en tu cuaderno las siguientes frases con los marcadores temporales que se indican.

1. Le repito que debe estudiar más. › Ayer...
2. Siempre me preguntas dónde voy. › Antes siempre...
3. Asegura que ya lo ha visto. › El otro día...
4. Les advierto que está lloviendo. › Esta mañana...
5. Dice que no se lo compra porque es caro. › Antes...

7 Lee y luego escribe en tu cuaderno el diálogo que se refiere en este correo electrónico.

De: Patricia   Para: Julián   Asunto: Me encontré con Pedro

Hola, Julián:
Ayer me encontré con Pedro y le pregunté cómo estaba en la nueva oficina. Me contestó que muy bien, pero que un poco cansado porque había tenido mucho trabajo el día anterior. Le conté que te había visto y que me habías preguntado por él. Se alegró y me dijo que quería llamarte porque tenía que contarte muchas cosas, pero que con el cambio de trabajo había estado muy ocupado y no había podido. Le dije que tú también tenías muchas cosas que contar, que habías conocido a alguien muy interesante. Hablamos poco porque tenía mucha prisa, llegaba tarde al trabajo.

8 Marca qué haces con más frecuencia cuando repasas un contenido que ya habías estudiado antes.

	Nunca	A veces	Siempre
1. Te preguntas si necesitas hacer el repaso.	☐	☐	☐
2. Repites los ejercicios que ya habías hecho.	☐	☐	☐
3. Buscas nuevos ejercicios sobre el tema.	☐	☐	☐
4. Buscas más información para ampliar.	☐	☐	☐
5. Revisas tus trabajos anteriores.	☐	☐	☐

Unidad

2

¿Pasas mucho tiempo conectado/a a internet? ¿Para hacer qué?

Fíjate en las fotos pequeñas y descríbelas; ¿cómo te sientes en esas situaciones?

¿Qué lengua usas cuando te conectas?

EnREDados

En esta unidad vas a. . .

- Hablar de tus hábitos con relación a las nuevas tecnologías
- Pedir y dar instrucciones y consejos relacionados con el uso de internet
- Conocer la presencia del español en internet y en las redes sociales

¿Qué sabes?

1 Observa la imagen y escribe en tu cuaderno el nombre de todos los dispositivos electrónicos o relacionados con internet que reconozcas. Tienes un minuto.

1.1 **Todo el grupo** Haz una puesta en común con tus compañeros y anota las palabras que no tengas. ¿Quién ha podido reconocer más elementos? ¿Conocías todos sus nombres en español?

1.2 [5] Escucha estas conversaciones y relaciónalas con el objeto del que hablan.

A

B

C

D
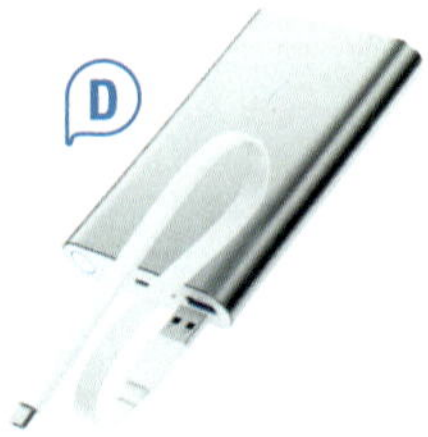

Conversación 1: .... Conversación 2: .... Conversación 3: .... Conversación 4: ....

RAE

ORTOGRAFÍA

En el español de España se dice vídeo y se escribe con acento: *Es una escopeta rarísima, parece más bien un telescopio, o una cámara de **vídeo** muy alargada, un aparato de ciencia ficción.*

En el español de América es más frecuente decir video y se escribe sin acento: *Fue, te digo, ese día cuando grabé en **video** las noticias, el noticiero completo, mejor dicho.*

2 **En parejas** Relaciona las columnas para formar expresiones con sentido. Ten en cuenta que en algunos casos puede haber más de una solución. Luego compara con tu compañero/a.

1. Hacer	a. correos electrónicos.
2. Redactar	b. con la familia/los amigos.
3. Jugar	c. fotos.
4. Hablar	d. programas de televisión.
5. Grabar	e. trabajos o informes.
6. Navegar	f. a videojuegos.
7. Ver	g. por internet.
8. Enviar	h. vídeos.

2.1 **En parejas** ¿Con qué tipo de dispositivos o aplicaciones realizas las acciones anteriores? Fíjate en el ejemplo:

<u>Ejemplo</u>: *Pues yo, para hablar con mi familia, utilizo el móvil. Y, si queremos vernos, lo hacemos por Skype, en el móvil o en el ordenador.*

3

En parejas Mira a estas personas; ¿qué problema relacionado con el móvil crees que tienen?

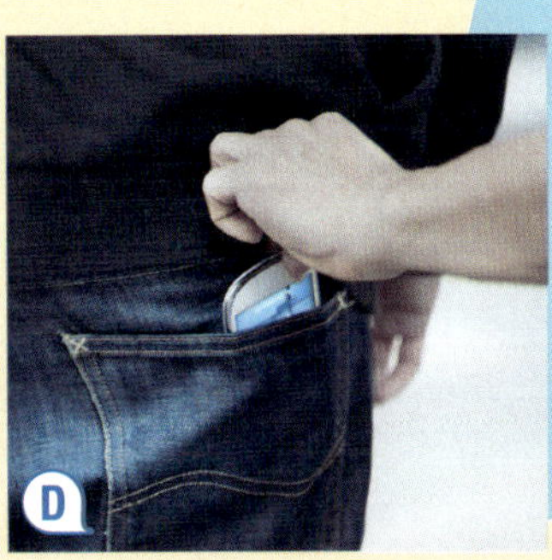

3.1 Aquí tienes algunas posibles soluciones para los problemas anteriores. Relaciónalos.

1. ☐ Pedir un cargador.
2. ☐ Cambiar de compañía de teléfono.
3. ☐ Ir a la policía.
4. ☐ Pedir la clave del wifi.

3.2 **En parejas** Ahora imagina que tienes algún problema que afecta a tus dispositivos electrónicos. Pídele ayuda a tu compañero/a y escucha las soluciones que te propone.

Palabras

1 **En parejas** Lee los hábitos de estas personas con relación a las nuevas tecnologías y escribe el número de cada icono junto a la palabra que representa.

En mi trabajo estoy todo el día con el ordenador y mandando correos, respondiendo y ☐ **reenviando** mensajes. Lo peor es cuando se me olvida ☐ **adjuntar** algún documento, me siento estúpido.

Yo tengo internet en casa desde hace poco y todavía no lo entiendo muy bien. Me ayuda mi nieta: ella eligió la compañía, me instaló un ☐ **antivirus**, me abrió la cuenta de correo y hasta me eligió el nombre de ☐ **usuario** y la ☐ **contraseña**...

A mí me encantan las redes sociales, tengo perfil en todas: ☐ **cuelgo** fotos, ☐ **comparto** las de mis amigos, nos ☐ **intercambiamos** archivos... También uso internet para estudiar: sin poder ☐ **descargarme** los textos y los artículos que tenemos que leer para la universidad, estaría todo el día en la biblioteca, ¡qué horror!

1.1 **En parejas** Pregunta a tu compañero/a qué navegador tiene, qué buscador usa, si tiene antivirus en su ordenador y cuál es, qué tipo de archivos guarda y en qué redes sociales tiene perfil. ¿Coincidís en algo?

1.2 **En parejas** Escribe las palabras del recuadro junto a los verbos y forma todas las combinaciones posibles. ¿Puedes añadir alguna palabra más?

datos | un navegador | una página | un programa | información | una imagen
un documento | un antivirus | una cuenta | un archivo | un buscador | un perfil

Descargar/Bajarse... ....

Instalar... ....

Colgar/Publicar/Subir... ....

Abrir(se)... ....

Crear(se)... ....

Entrar en/Acceder a... ....

1.3 [6] Escucha la conversación entre Felipe y su nieta Paula y marca si las afirmaciones se relacionan con Felipe (F), con Paula (P) o con ninguno de los dos (N).

1. Tiene problemas con la conexión a internet. .... F P N
2. Encuentra la solución al problema. .... F P N
3. Necesita publicar fotos en una red social. .... F P N
4. Cree que sus escritos no interesan en las redes sociales. .... F P N
5. Ya no usa una red social tanto como antes. .... F P N
6. Necesita ayuda para crear un perfil. .... F P N
7. Prefiere ayudarle por teléfono. .... F P N
8. Va a ir a su casa. .... F P N

2 **En parejas** Haz este test a tu compañero/a para conocer un poco sus hábitos en internet. Puedes añadir notas si es necesario. Luego comparad vuestras respuestas; ¿coincidís?

1. **¿A qué edad empezaste a usar internet?**
   - ☐ Antes de los 10 años. ☐ Entre los 10 y los 15 años. ☐ Después de los 15 años.
2. **¿Cuánto tiempo lo usas durante la semana?**
   - ☐ Menos de 1 hora. ☐ Entre 1 y 2 horas. ☐ Entre 2 y 4 horas. ☐ Más de 4 horas.
3. **¿Cuánto tiempo lo usas durante los fines de semana?**
   - ☐ Menos de 1 hora. ☐ Entre 1 y 2 horas. ☐ Entre 2 y 4 horas. ☐ Más de 4 horas.
4. **¿Alguna vez has estado conectado más tiempo del previsto? ¿Por qué?**
   - ☐ Nunca. ☐ Pocas veces. ☐ Algunas veces. ☐ Muchas veces. ☐ Siempre.
5. **Usas internet para… (ordenar según frecuencia):**
   - ☐ Participar en redes sociales, chats, foros. ☐ Enviar correos electrónicos. ☐ Ver vídeos.
   - ☐ Buscar información. ☐ Jugar.
   - ☐ Descargar música, películas, documentos. ☐ Hacer compras. ☐ Trabajar.
6. **¿Dónde te conectas? (ordenar según frecuencia):**
   - ☐ En casa. ☐ En la calle (datos). ☐ En el trabajo/la escuela. ☐ Otros: ....
7. **¿Dónde te gusta conectarte? (ordenar según preferencia):**
   - ☐ En casa. ☐ En la calle (datos). ☐ En el trabajo/la escuela. ☐ Otros: ....
8. **¿Con qué dispositivo te conectas? (ordenar según frecuencia):**
   - ☐ Con el móvil. ☐ Con el ordenador. ☐ Con la tableta. ☐ Otros: ....
9. **¿Recibes quejas de otras personas por tu uso de internet?**
   - ☐ Nunca. ☐ Pocas veces. ☐ Algunas veces. ☐ Muchas veces. ☐ Siempre.
10. **¿Has dejado de hacer otras cosas por conectarte a internet?**
    - ☐ Nunca. ☐ Pocas veces. ☐ Algunas veces. ☐ Muchas veces. ☐ Siempre.

2.1 **Todo el grupo** Con los resultados de todos, haced una pequeña estadística de la clase sobre este tema. ¿Hay hábitos muy diferentes? ¿Con respecto a qué? ¿Las diferencias tienen que ver con la nacionalidad, la edad, el sexo…? ¿Qué conclusiones podéis sacar?

Gramática

Recuerda:
Los verbos en *-er* e *-ir* tienen las mismas terminaciones en presente de subjuntivo.

1 Presente de subjuntivo regular (repaso)

El **presente de subjuntivo regular** tiene las siguientes terminaciones:

	Trabajar	Comer	Escribir
yo	trabaj**e**	com**a**	escrib**a**
tú	trabaj**es**	com**as**	escrib**as**
él, ella, usted	trabaj**e**	com**a**	escrib**a**
nosotros/as	trabaj**emos**	com**amos**	escrib**amos**
vosotros/as	trabaj**éis**	com**áis**	escrib**áis**
ellos, ellas, ustedes	trabaj**en**	com**an**	escrib**an**

1.1 **En parejas** Lee las frases y conjuga los verbos en presente de subjuntivo.

1. Os aconsejo que .... (estudiar) esta parte, que os la .... (aprender) bien y que luego .... (completar) los ejercicios.
2. David, quiero que me .... (ayudar); que primero .... (lavar) la verdura y después [6] .... (preparar) la mesa.

2 Presente de subjuntivo irregular (repaso)

Fíjate:
Las formas irregulares en presente de subjuntivo se construyen a partir de las formas irregulares en presente de indicativo con algunos cambios.

- Verbos con **irregularidad vocálica**:

Pensar e > ie	Sentir e > ie + e > i	Encontrar o > ue	Dormir o > ue + o > u	Pedir e > i	Construir i > y
piense	sienta	encuentre	duerma	pida	construya
pienses	sientas	encuentres	duermas	pidas	construyas
piense	sienta	encuentre	duerma	pida	construya
pensemos	sintamos	encontremos	durmamos	pidamos	construyamos
penséis	sintáis	encontréis	durmáis	pidáis	construyáis
piensen	sientan	encuentren	duerman	pidan	construyan

  – Los verbos que cambian **e > ie** y que terminan en *-ir* cambian también **e > i** en ***nosotros/as*** y ***vosotros/as***: *sintamos, sintáis.*

  – Los verbos *dormir* y *morir*, además del cambio **o > ue**, cambian **o > u** en ***nosotros/as*** y ***vosotros/as***: *durmamos, durmáis, muramos, muráis.*

  – Los verbos que cambian **e > i** e **i > y** son irregulares en todas las personas.

- Los verbos que tienen irregular la **persona *yo*** del presente de indicativo también son irregulares en presente de subjuntivo, pero en todas las personas:

  – hacer > **hago** > **haga, hagas, haga, hagamos, hagáis, hagan**.

  – Otros verbos: oír > **oiga**; poner > **ponga**; caer > **caiga**; conducir > **conduzca**...

- Algunos verbos tienen una **irregularidad propia** en este tiempo:

  – estar > **esté, estés, esté, estemos, estéis, estén**
  – haber > **haya, hayas, haya, hayamos, hayáis, hayan**
  – saber > **sepa, sepas, sepa, sepamos, sepáis, sepan**
  – ser > **sea, seas, sea, seamos, seáis, sean**
  – ir > **vaya, vayas, vaya, vayamos, vayáis, vayan**
  – ver > **vea, veas, vea, veamos, veáis, vean**

Fíjate:
Hay formas verbales, tanto regulares como irregulares, que sufren cambios ortográficos para conservar el sonido del verbo en infinitivo:
*se**gu**ir* > *si**g**a*; *co**c**er* > *cue**z**a*; *reco**g**er* > *reco**j**a*; *bus**c**ar* > *bus**qu**e*...

2.1 Completa la tabla con las formas del presente de subjuntivo que faltan.

	Entender	Volver	Vestir	Oír	Traer	Huir	Reír
yo							
nosotros/as							

2.2 Señala la persona y el infinitivo de los siguientes verbos conjugados.

Verbo conjugado	Persona	Infinitivo	Verbo conjugado	Persona	Infinitivo
1. empecéis	*vosotros/as*	*empezar*	7. apliques		
2. lleguen			8. aterricemos		
3. busque			9. cojas		
4. corrijamos			10. almorcéis		
5. realices			11. convenza		
6. paguéis			12. escojas		

2.3 **En parejas** Transforma estas frases usando el presente de subjuntivo.

1. Podéis volver hoy más tarde. › Os dejamos que ....
2. Piénsalo bien, con calma. › Te aconsejamos que ....
3. Construirán un hospital cerca. › Quiero que ....
4. No puedes traer el coche. › Te prohíbo que ....
5. Medid bien el mueble. › Os recomiendo que ....
6. Dormid bien. › Espero que ....
7. ¿Puedo irme ya? › ¿Me permite usted que ....?
8. Dime qué hago. › ¿Qué me sugieres que ....?
9. Hablen más bajo, por favor, estoy trabajando. › Les ruego que ....

2.4 [7] Escucha y comprueba tu respuesta anterior. Luego clasifica las frases en la tabla según su significado.

Consejo o recomendación	Permiso/Prohibición	Deseo o petición

2.5 **Todo el grupo** Da consejos a Marta usando la estructura *te aconsejo/recomiendo que* + subjuntivo.

3 El imperativo afirmativo y negativo regular e irregular (repaso)

En parejas Completa el siguiente cuadro para repasar las formas del imperativo afirmativo.

- **Formas regulares**:

	Hablar	Leer	Abrir
tú	[1]	lee	abre
usted	hable	lea	abra
vosotros/as	hablad	[2]	abrid
ustedes	hablen	lean	[3] ....

- **Irregularidades vocálicas**:
  - encender (e › ie): enc**ie**nde, enc**ie**nda, [4] ...., enc**ie**ndan
  - colgar (o › ue): c**ue**lga, c**ue**lgue, colgad, [5] ....
  - jugar (u › ue): j**ue**ga, [6] ...., jugad, j**ue**guen
  - seguir (e › i): [7] ...., s**i**ga, seguid, s**i**gan
  - huir (i › y): hu**y**e, hu**y**a, huid, hu**y**an

- **Otras irregularidades**:

Hacer	Poner	Venir	Tener	Ser
[8]	[9]	[10]	[11]	[12] ....
haga	**ponga**	**venga**	**tenga**	**sea**
haced	poned	venid	tened	sed
hagan	**pongan**	**vengan**	**tengan**	**sean**

Decir	Salir	Ir	Oír
[13]	[14]	[15]	[16] ....
diga	**salga**	**vaya**	**oiga**
decid	salid	id	oíd
digan	**salgan**	**vayan**	**oigan**

La forma *vosotros/as* es siempre regular en imperativo afirmativo.

- Como has visto, el imperativo es un modo verbal que solo tiene dos formas propias: las formas ***tú*** y ***vosotros/as*** del imperativo afirmativo. Para las personas ***usted*** y ***ustedes*** y para formar el **imperativo negativo** se utiliza el presente de subjuntivo:

  Diríjase usted *a la ventanilla 3 y* ***entregue*** *la documentación a mi compañero.*

  Salgan ustedes *en orden, por favor.*

  No me digas *eso que me pongo triste.*

- **En parejas** El imperativo se usa para dar **instrucciones, órdenes, consejos** o **permiso**. Escribe un ejemplo para cada uno de estos usos.

[17] .... [19] ....

[18] .... [20] ....

RAE

GRAMÁTICA

Recuerda que en las zonas voseantes de América el imperativo tiene una forma propia para la persona ***vos*** (hablá, bebé, abrí, empezá, volvé, elegí, tené, hacé, poné, vení, salí, decí...): *Empezá vos, por favor./Comé, comé, está muy bueno.*

3.1 **En parejas** Completa los siguientes consejos con los verbos del recuadro en imperativo afirmativo o negativo, según convenga. Luego di qué título le pondrías al decálogo.

diversificar | evitar | cambiar | olvidarse | ~~utilizar~~ | revelar | escoger
anotar | usar | guardar

....

1. *No utilices* datos familiares.
2. .... las series de palabras o números.
3. .... contraseñas que tengan diferentes caracteres, además de letras y números.
4. .... nunca la contraseña en internet, aunque sea cómodo.
5. .... las claves para cada servicio.
6. .... periódicamente las contraseñas.
7. .... las contraseñas a nadie.
8. .... estas en un lugar seguro si tienes que hacerlo.
9. .... las aplicaciones que sirven para cifrar las claves y recordarlas en caso necesario.
10. .... nunca de seguir los consejos.

Adaptado de https://www.ticpymes.es/legislacion/noticias/1095409049204/decalogo-para-una-contrasena-segura.1.html

3.2 **Todo el grupo** ¿Seguís estos consejos? ¿Cuáles sí y cuáles no? ¿Hay alguna otra medida de seguridad que añadirías tú a las anteriores?

4 Lee estas conversaciones del chat de Sofía con un grupo de amigos y complétalas eligiendo la opción correcta.

1

Ya tengo las fotos. ¿Qué hago con ellas?

José: **Envíaselas/Envíanoslo/Envíanoslas**, queremos verlas.

Luis: Sí, pero no **súbelas/las subes/las subas** a Facebook, me da vergüenza la ropa que llevaba.

2

José: He terminado el trabajo de Historia, ¿vosotros?

Yo no, todavía me queda un poco.

Luis: Yo lo terminé ayer.

José: ¿Y cómo lo enviaste? ¿Por correo?

Luis: No, no **se envíes/le envíes/se lo envíes** al correo, hay que subirlo a la página web de la escuela.

3

Se me ha caído el móvil nuevo al suelo y se ha roto la pantalla. ¿Sabéis dónde pueden ponerle una nueva?

José: Yo llevé el mío a la tienda que hay al lado de casa de Luis. **Llévalo/Llévale/Lo lleva** ahí.

Luis: No, no **lo llevas/lo lleves/llévalo** ahí, son muy caros y las pantallas son malas. Además, tu móvil tendrá garantía, ¿no?

4

Hola, ¿os ha llegado a Facebook un mensaje un poco raro de Ana?

Luis: Sí, no **la abras/le abras/lo abras**, ¡me ha avisado de que es un virus!

Vale, gracias. ¿Has hablado con ella? ¿Qué tal en Valencia?

José: Bien, pero parece un poco aburrida, **llámalas/la llames/llámala**.

Ahora mismo la llamo.

Recuerda que en el imperativo afirmativo los pronombres se ponen **detrás** del verbo formando una sola palabra con él, mientras que en el imperativo negativo los pronombres se colocan **delante** del verbo, como ocurre con la mayoría de los tiempos verbales:

- *¿Qué hago con el archivo?*
- ***Adjúntalo** al mensaje y **mándamelo**, pero **no me lo envíes** al correo del trabajo, no lo miro los fines de semana.*

Practica en contexto

1 **Todo el grupo** Novaltel es una compañía de telefonía móvil. Mira su publicidad; ¿qué te parece su eslogan si lo comparas con el de otras compañías similares?

1.1 **En parejas** Novaltel tiene un servicio telefónico de atención al cliente. Elige un papel (A o B) y conversa con tu compañero/a.

Responder a una llamada en el trabajo

- Departamento y/o nombre de la **empresa** + **saludo** + *le atiende* + nombre; *¿dígame?/¿en qué puedo ayudarle?*
  Departamento de Atención al Cliente de Novaltel, buenas tardes, le atiende Luis; ¿en qué puedo ayudarle?

Pedir información

- *¿Podría decirme si* + presente?
- *Quería saber si* + presente
  Quería saber si tienen alguna oferta en este momento.

Estudiante A	Estudiante B
Has comprado un teléfono, pero no sabes ponerlo en silencio, mandar un mensaje... Llamas al servicio de atención al cliente porque la tienda está muy lejos. La persona que te atiende habla demasiado rápido.	Un cliente llama pidiendo ayuda para algunos usos básicos del teléfono. Explícale con detalle todo lo que te pregunte. No te entiende muy bien, repite tus instrucciones y recomiéndale que vaya a una tienda física.
Tu teléfono es un poco viejo y tiene la memoria llena. Algunas cosas son importantes, no quieres perderlas. Pide ayuda. No quieres comprar otro teléfono.	Un cliente tiene la memoria del teléfono llena. Tiene que borrar los datos o guardarlos (en el ordenador, en la nube...). Convéncelo para comprar uno con más memoria.
Tu móvil nuevo se cayó el otro día y se ha roto. Necesitas repararlo urgentemente porque en 5 días viajas al extranjero. No quieres gastar mucho dinero.	A un cliente se le ha roto la pantalla del teléfono. Pregúntale cómo fue y si está en garantía. Explícale las opciones: recogida y entrega a domicilio, 3 semanas; en tienda, 1 semana; la reparación exprés (3 días) cuesta 50 €.
Necesitas un móvil nuevo con conexión a internet para poder ver a tu hijo, que vive fuera, mientras hablas con él. Quieres saber qué móvil es mejor para eso. Te gustaría verlo antes. No quieres comprar por internet.	Aconseja al cliente qué móvil es mejor para lo que necesita. Explícale cómo y dónde puede verlo en la página web. Lo mejor es comprar en la web (descuentos, pago seguro, rapidez en el envío...).

1.2 **Todo el grupo** ¿Crees que Novaltel cumple con lo que dice en su publicidad? ¿Alguna vez has llamado al servicio de atención al cliente de tu compañía telefónica? ¿Cuál era tu problema? ¿Quedaste satisfecho/a?

2 **Todo el grupo** Estas son algunas empresas españolas con un servicio de venta en línea muy valorado por los consumidores. ¿Conoces alguna de ellas? ¿Qué tipo de productos venden? Analiza su nombre y su logotipo y haz hipótesis con tus compañeros.

Latiendadirecta.es ZARA El Corte Inglés

PC COMPONENTES MERCADONA SUPERMERCADOS DE CONFIANZA

2.1 [8] Una persona que ha comprado varios productos en una de estas tiendas ha llamado por teléfono al servicio de atención al cliente porque quiere devolver uno de ellos y no sabe qué pasos tiene que seguir. Escucha y ordénalos.

- ☐ Solicita la recogida.
- ☐ Recibe el importe de la compra.
- ☐ Empaqueta el pedido.
- ☐ Entrega el paquete.
- ☐ Marca la prenda en el tique.

2.2 **Todo el grupo** ¿A qué tienda de la actividad 2 crees que se refiere la conversación anterior? ¿Qué palabras claves te han dado la pista para saberlo?

3 **En parejas** En el servicio de atención al cliente de todas las empresas a veces se reciben quejas. Lee el correo que ha escrito esta clienta. ¿Podrías mejorar su redacción? Escríbelo de nuevo utilizando todos los pronombres que hagan falta.

De: María Jesús Rodríguez Para: Atención al cliente Asunto: Vaqueros rotos

Estimados señores:
Hace unos días le compré unos vaqueros a mi hija de 6 años. Puse los vaqueros a mi hija y fuimos al centro comercial. En el centro comercial mi hija estuvo saltando durante un rato en una cama elástica. Al bajar vi que los vaqueros estaban raros y cuando miré los vaqueros más de cerca, resulta que los vaqueros estaban rotos y que no había posibilidad de arreglar los vaqueros a mi hija. Fui a la tienda donde venden los vaqueros a reclamar. Hablé con la encargada y la encargada me dijo que era normal, que no se puede saltar con unos vaqueros. Yo dije a la encargada que quería la devolución del dinero y la encargada dijo que no podía devolver el dinero y que si quería cambiar los vaqueros, tenía que enviar los vaqueros al Departamento de Calidad de la tienda para que ese departamento analice los vaqueros. No me parece normal este procedimiento. Quiero la devolución de mi dinero y quiero la devolución ya.
Atentamente,
María Jesús Rodríguez

3.1 **Todo el grupo** ¿Alguna vez has tenido que reclamar en un servicio de atención al cliente? Cuenta a tus compañeros cómo fue tu experiencia.

4 **Todo el grupo** Comenta estas afirmaciones con tus compañeros. ¿Estáis todos de acuerdo?

Internet solo ha mejorado nuestras vidas.

Las redes sociales siempre nos muestran tal y como somos.

No usar redes sociales es sinónimo de no relacionarse.

4.1 ¿Sabes qué es el FOMO? Lee este artículo sobre la necesidad de estar siempre conectado y marca la opción correcta.

El miedo a perderse algo

Estás tranquilo en casa un sábado por la tarde, disfrutando de una película, un videojuego, de tus cosas... Te conectas a una red social y ves que dos amigos tuyos están paseando por el centro, que otro va a un cumpleaños al que no te han invitado y que ese que no te cae muy bien va a un partido de fútbol. ¿Te sientes mal?

Cada vez son más las personas que sienten que su vida es mucho menos interesante que la de sus conocidos, que se están perdiendo algo. Las redes sociales, en las que solo se cuenta lo bueno, se están convirtiendo en un nuevo elemento de agobio que ya tiene nombre: FOMO (sigla de *fear of missing out*, el miedo a perderse algo).

FOMO es un miedo social que siempre ha existido: la exclusión, el saber que tus colegas van a hacer algo o tienen algo mejor que tú. Pero, por culpa de los teléfonos inteligentes y las redes sociales, ese miedo se ha convertido en algo habitual.

Al consumismo clásico (querer siempre algo que no tenemos y que creemos necesario para alcanzar la felicidad) se une ahora el sufrimiento de tener la sensación constante de que nos estamos perdiendo algo por estar haciendo otra cosa. Y esto sucede porque estamos informados al minuto de las actividades de nuestros amigos, lo que genera ansiedad y un cierto sentimiento de exclusión.

Según un estudio, 3 de cada 10 personas de entre 13 y 34 años han experimentado esta sensación, generalmente al ver que sus amigos hacen cosas a las que no han sido invitados. De pronto, para mucha gente, quedarse un fin de semana tranquilo en casa se convierte en motivo de ansiedad. El tiempo libre se convierte, paradójicamente, en una fuente de preocupación.

Adaptado de http://blogs.elpais.com/consumidos/2012/03/fomo-el-miedo-a-perderse-algo-fear-of-missing-out.html

1. **El artículo dice que cada vez más personas...**
   a. hacen cosas aburridas.
   b. sienten que su vida es más aburrida que la de sus amigos.
   c. sienten que se lo pasan mejor que sus conocidos.
2. **FOMO en español significa tener miedo...**
   a. al control de los demás.
   b. a perder cosas que valoras.
   c. a tener una vida menos interesante que los demás.
3. **Según el texto, el problema...**
   a. es absolutamente nuevo.
   b. es un problema antiguo, agravado por estar constantemente conectados.
   c. es un problema de las personas con teléfonos móviles.
4. **Hay un estudio que dice que...**
   a. bastantes adolescentes han tenido esas sensaciones.
   b. es un problema que afecta a un porcentaje considerable de jóvenes.
   c. la mayoría de los jóvenes se queda en casa por ansiedad.

4.2 **Todo el grupo** ¿Has sufrido alguna vez este sentimiento de exclusión? ¿Cómo lo has solucionado?

5 [9] En este programa de radio algunas personas hablan de sus problemas en relación con las nuevas tecnologías. Marca en qué orden interviene cada uno.

- ☐ Luis no controla bien el tiempo que pasa en internet.
- ☐ Sofía ha perdido amigos por culpa de las redes sociales.
- ☐ Juan dice que en su trabajo las redes sociales son necesarias.
- ☐ Para Cristina el móvil es algo imprescindible.
- ☐ Ana tiene problemas de memoria.

5.1 Aquí tienes el chat del programa, donde otros oyentes han escrito para ayudar a estas personas. Relaciona sus consejos con algunas de las intervenciones de la actividad anterior.

Sergio dice...
Tú no lo ves, pero tienes un problema con el teléfono. Déjalo en casa un día, a ver qué pasa. Si ves que estás muy nerviosa, que te sientes mal y empiezas a notar ansiedad, te recomiendo que vayas a un especialista. No te preocupes, a mí me pasaba y poco a poco empiezo a controlarme. 😉

Janis dice...
Estar mirando todo el día la pantalla es tan malo como no mirarla o no responder cuando te escriben. Si quieres tener amigos, te aconsejo que respondas cuando tienes un mensaje, y, si no tienes tiempo de leerlos todos, te recomiendo que elijas quiénes son las personas más importantes para ti y que mantengas el contacto con ellas. Si no les escribes, luego no te quejes cuando no te respondan ellas a ti.

JLuis dice...
Conseguir seguidores en las redes sociales puede llevar algo de tiempo, pero tampoco es difícil: te recomiendo que entres todos los días en tus redes, que reacciones a las cosas que ponen los demás, que subas fotos y que comentes lo que haces en tu trabajo. Hazte "amigo" de personas importantes de tu profesión. Si comparten tus publicaciones, las podrá ver un montón de gente. Es un trabajo diario, no lo dejes.

5.2 **En parejas** En el chat hay algunas personas que no han recibido ningún consejo para sus problemas. Elige a una de ellas y escribe un consejo. Después lee lo que ha escrito tu compañero/a. ¿A quién crees que está respondiendo?

....

....

....

....

Justificar un consejo

Para ser más convincentes, introducimos una **justificación** de nuestros consejos o instrucciones con estas estructuras:

- ***Si*** + objetivo, consejo

  Si quieres tener éxito en las redes sociales, te recomiendo que publiques fotos atractivas.

- Consejo, ***así*** + consecuencia

  *Te recomiendo que publiques fotos atractivas, **así** tendrás más éxito en las redes sociales.*

6 Busca información sobre los peligros de internet y compártela con el resto de la clase.

6.1 **Todo el grupo** Después de analizar la información obtenida, reflexiona con tus compañeros:

- ¿Crees que haces un uso adecuado de internet?
- ¿Controlas el tiempo que pasas en la red?
- ¿Qué sientes cuando no puedes conectarte durante un tiempo?
- ¿Subes fotos a las redes de todo lo que haces?

7 **Todo el grupo** ¿Utilizas internet para aprender español? ¿Cómo lo usas? ¿Qué recursos y páginas web te resultan más útiles? Compártelo con tus compañeros.

Internet también se escribe con eñe

1 **En parejas** Lee el siguiente artículo y elige el mejor titular para cada sección. En una segunda lectura, mira las imágenes que lo acompañan y completa los espacios en blanco con la información que estas proporcionan. Luego compara con tu compañero/a para comprobar si tenéis las mismas respuestas.

- Un universo diverso
- El español en la red
- El español y los hispanohablantes en las redes sociales

Internet también se escribe con eñe

A ....

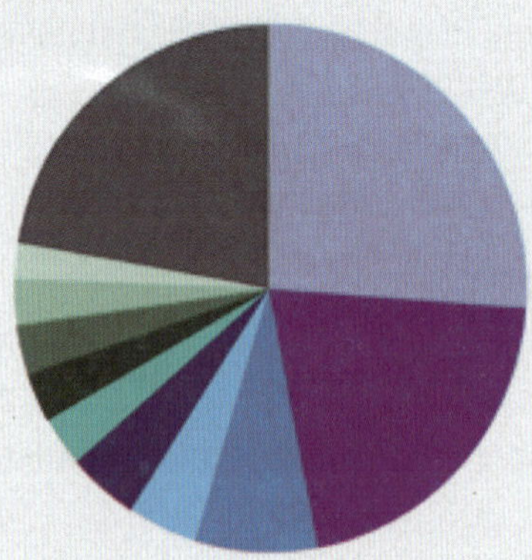

Fuente del gráfico: https://cvc.cervantes.es/lengua/espanol_lengua_viva/pdf/espanol_lengua_viva_2017.pdf

En la actualidad, el español es la [1] .... lengua más usada en internet por número de internautas. De los casi 3612 millones de usuarios que tenía internet en todo el mundo en junio de 2016, el 7.7 % se comunicaba en español. Los dos idiomas que están por delante del español son el inglés y el chino. Por otro lado, solo un país de habla hispana, México, está entre los veinte con mayor número de usuarios de internet del mundo.

B ....

El español tiene una gran variedad de palabras para hablar de la tecnología que usamos. Mientras que en España se puede usar el [2] .... para enviar mensajes, en países americanos se prefiere el *celular*. Si en España es buena idea hacer una *copia de seguridad* para no perder los datos y archivos importantes, en México, por ejemplo, prefieren hacer una [3] .... Incluso los mismos [4] .... que usamos en nuestro día a día en España se llaman *computadoras* en buena parte de la América hispanohablante.

C ....

Otro ejemplo de la fuerte presencia del español en internet es que se trata de la segunda lengua más utilizada en dos de las principales redes sociales: Facebook y Twitter. En ellas podemos encontrar hispanohablantes muy populares. La cantante [5] .... es una de las artistas con más seguidores en Twitter, y el primer español es el cantante [6] .... En Facebook la colombiana también tiene muchos seguidores, mientras que, en España, las páginas más seguidas son las de los dos clubes de fútbol más populares: [7] .... y [8] .... En Instagram uno de los puestos más importantes entre los hispanohablantes lo ocupa el tenista español [9] ....

2 **Todo el grupo** Comenta con tus compañeros estas preguntas.

¿Qué lenguas utilizas en internet?

¿Cuál usas más para leer?

¿Y para escribir o ver vídeos?

¿Sigues a hispanohablantes en las redes sociales? ¿A quiénes? ¿Por qué?

¿Qué perfiles son los más seguidos en tu país?

Cartelera DE CINE

El viaje de Carol

Sinopsis

Carol, una niña de 12 años de madre española y padre norteamericano, viaja por primera vez a España en la primavera de 1938 en compañía de su madre (Aurora). Su padre, a quien adora, es piloto en las Brigadas Internacionales. Cuando llega al pueblo materno, se encuentra con una familia que, además de vivir bajo los convencionalismos, oculta muchos secretos. Sin embargo, Carol, de carácter rebelde, se opone a ese ambiente opresivo. La complicidad con Maruja, las lecciones de vida de su abuelo Amalio y su amor por Tomiche le abrirán las puertas a un universo de sentimientos adultos que harán de su viaje un trayecto interior difícil, pero tierno, vital e inolvidable.

Antes de la secuencia

1 **Todo el grupo** Carol acaba de llegar desde Nueva York a un pequeño pueblo de España. ¿Qué cosas crees que puede echar de menos alguien que deja de vivir en una gran ciudad?

2 **En parejas** En la siguiente imagen, Carol se encuentra con unos niños del pueblo. ¿Por qué crees que los mira de ese modo?

3 **En parejas** La película transcurre en España durante 1938. ¿Qué cosas son típicas de esa época? Piensa en otras cosas que todavía no existían en ese año.

Cosas de esa época	Cosas que todavía no existían

Durante la secuencia

4 **Durante el fragmento 01:05 ▶ 02:42, Carol recorre el jardín de la casa y descubre algo. Visiónala y responde a las preguntas.**

1. ¿Qué tipo de personas ve?
2. ¿Cuántas son?
3. ¿Cómo son?
4. ¿Dónde están?
5. ¿Qué crees que están haciendo?

5 **Visiona el fragmento 03:34 ▶ 04:26 y completa el diálogo.**

Maruja: ¡Aurorita!
Aurora: ¡Maruja!
Maruja: ¡Aurora!
Aurora: ¡Maruja!
Maruja: [1] .... que te vea, ¡qué guapa! Estás [2] ....
Aurora: No, tú sí que no has [3] .... nada. Ven, te voy a [4] .... a mi hija.
Maruja: Buenas tardes, don Amalio.
Amalio: Buenas tardes, Maruja.
Aurora: Esta es Carol.
Maruja: [5] .... de conocerte, Carol, soy Maruja. ¡Pero, bueno, es [6] .... que tú!
Aurora: *(A Carol)* No. Maruja primero fue mi [7] .... y, después, mi [8] .... amiga.
Amalio: Lo siento, pero nos esperan en Villablanca.
Maruja: Bueno, por mí no se [9] ...., ya tendremos tiempo de [10] ...., ¿no?
Aurora: Sí.

6 **En la escena que vas a ver, los tres protagonistas van cantando una canción infantil. Es una canción donde se dicen mentiras. Complétala con las palabras del recuadro. Luego visiona el fragmento 04:27 ▶ 05:01 y comprueba tus respuestas.**

mar | despacio | contar | liebres | sardinas | monte

Ahora que vamos [1] ....,
vamos a [2] .... mentiras, tralará.
Por el [3] .... corren las [4] ....;
por el [5] .... las [6] ...., tralará.

Después de la secuencia

7 **En parejas** **En la canción anterior se cuentan mentiras. Busca información en internet sobre alguna película que sea muy conocida. Escribe tres datos, uno falso y dos verdaderos. Tu compañero/a tiene que adivinar cuál es la información falsa.**

Ejemplo: ▶ *La película* Titanic *es del año 1997, su director fue James Cameron y está protagonizada por Scarlett Johansson.*
▷ *Pues yo creo que la protagonista era Kate Winslet.*
▶ *¡Sí! Has acertado.*

8 **En grupos pequeños** **Comenta con tus compañeros las siguientes cuestiones.**

1. ¿Crees que es difícil hacer amigos en una nueva ciudad? ¿Por qué?
2. ¿Recuerdas cómo conociste a tu mejor amigo/a?
3. Imagina que ahora estás en una situación parecida; ¿qué haces para conocer a gente nueva?

Evaluación

1 ¿De qué están hablando estas personas? Relaciona cada texto con una imagen. Luego escribe el nombre de lo que representa cada dibujo.

1. ☐ Yo las miro mucho, la verdad. Tengo perfil en todas, unas las uso más para comunicarme con amigos, otras para colgar fotos y otras para estar informado. Me encantan.
2. ☐ Es maravilloso; tú pones la información que buscas y en un momento tienes ahí delante todo lo que necesitas. No sé cómo hacían los trabajos de la escuela antes.
3. ☐ Yo antes tenía uno gratis que no funcionaba muy bien y el ordenador iba lentísimo. Ahora he comprado otro que te protege de todo y el ordenador va mucho mejor y me siento más seguro. Merece la pena gastar un poco de dinero en eso.
4. ☐ Mi ordenador tiene muy poca memoria, así que la mayoría los guardo en la nube. Además, de esa forma puedo verlos siempre que los necesito y no tengo que llevar el portátil a todos los sitios.
5. ☐ Mi móvil es un poco antiguo y no le dura mucho, así que siempre llevo una para poder recargarlo en caso necesario.

2 Completa la tabla con las formas verbales correspondientes.

	Presente de indicativo	Presente de subjuntivo
hacer	tú ›	nosotras › ....
encontrar	vosotros ›	yo › ....
dormir	nosotras ›	tú › ....
poner	usted ›	él › ....
bajar	yo ›	ustedes › ....
construir	ella ›	ellos › ....
ir	ellos ›	vosotros › ....
lavar	ustedes ›	usted › ....

3 Completa las instrucciones con los verbos del recuadro en imperativo afirmativo (forma *tú*).

introducir | elegir | hacer (2) | crear | entrar | abrir | poner | volver | pulsar (2) | escribir

[1] .... en la página www.compdoc.com. [2] .... tu dirección de correo, [3] .... una contraseña y [4] .... una cuenta. Después [5] .... tu correo y [6] .... clic en el enlace que has recibido. [7] .... a la página de inicio otra vez y [8] .... clic en "subir documento". [9] .... el documento que quieres compartir y [10] .... "aceptar". [11] .... la dirección de la persona con la que lo quieres compartir. [12] .... "aceptar" otra vez. Ya está.

4 Transforma las siguientes oraciones a imperativo negativo, como en el ejemplo.

Ejemplo: *Borra las carpetas. > No borres las carpetas.*

1. Conéctate ahora. › ......
2. Sube las fotos a la web. › ......
3. Envía el correo mañana. › ......
4. Cierra la sesión. › ......
5. Guarda los archivos en la nube. › ......
6. Haz clic en el enlace. › ......
7. Pon el vídeo de la fiesta. › ......
8. Ábrete una cuenta. › ......

5 Responde a las siguientes peticiones usando el imperativo afirmativo o negativo del verbo correspondiente y escribe los pronombres necesarios.

Ejemplo:
▶ *¿Puedo usar tu teléfono?*
▷ *Claro, úsalo, úsalo, no lo necesito.*

▶ ¿Hago clic en este enlace?
▷ No, [1] ......, puede ser un virus.

▶ ¿Te bajo esta aplicación?
▷ Sí, por favor, [2] ......, es muy divertida.

▶ ¿Puedo ver el vídeo?
▷ No, [3] ......, es muy personal.

▶ ¿Te envío las fotos?
▷ No, [4] ......, gracias, ya las tengo.

▶ ¿Le limpio la pantalla del ordenador a Gloria?
▷ No, [5] ......, ya la limpió ella ayer.

▶ ¿Apago el ordenador?
▷ No, [6] ......, voy a usarlo yo ahora.

▶ ¿Puedo abrirme una cuenta?
▷ Claro, [7] ...... si quieres.

6 Escribe consejos en tu cuaderno para las siguientes situaciones.

1. Una persona que va a viajar a tu ciudad.
2. Una persona con problemas de peso.
3. Una persona con problemas de concentración para estudiar.
4. Una persona que quiere hacer amigos.
5. Una persona que quiere aprender una lengua.

7 Como has visto, en esta unidad hemos recordado algunos contenidos básicos de niveles anteriores. ¿Crees que ha sido útil? Marca la opción adecuada según tu experiencia.

Ha sido útil...	Mucho	Bastante	Un poco	Nada
1. repasar el léxico relacionado con los dispositivos electrónicos.	☐	☐	☐	☐
2. repasar el léxico relacionado con las redes sociales e internet.	☐	☐	☐	☐
3. repasar las formas del presente de subjuntivo y sus usos básicos.	☐	☐	☐	☐
4. repasar las formas del imperativo y sus usos.	☐	☐	☐	☐
5. practicar cómo dar consejos e instrucciones.	☐	☐	☐	☐
6. conocer la presencia del español en las redes.	☐	☐	☐	☐

Unidad

3

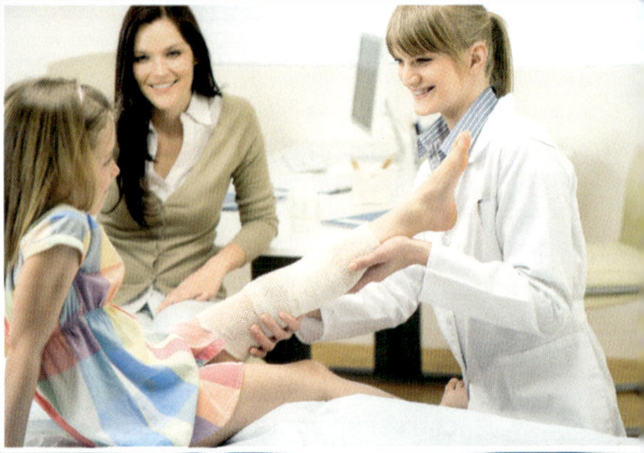

Fíjate en la imagen principal; ¿en qué etapa educativa crees que se encuentran estas personas?

Fíjate en la imagen del chico; ¿qué desea?

¿Y qué le aconseja la doctora a la niña?

¿Crees que la educación en Hispanoamérica es muy diferente a la de tu país?

Un poco de educación

En esta unidad vas a. . .

- Hablar de la educación presencial y virtual
- Expresar deseos y preferencias
- Dar consejos y hacer recomendaciones
- Hacer peticiones
- Dar órdenes, dar permiso y prohibir
- Conocer el estado actual de la enseñanza en algunos países de Hispanoamérica

¿Qué sabes?

1 **En parejas** Fíjate en las imágenes y asócialas a su etapa educativa correspondiente. Después relaciona cada etapa con la franja de edad en que se realiza. Ten en cuenta que hay dos de ellas que se realizan a la misma edad.

A

B

C

D

E

F

> *ESO* son las siglas de *Educación Secundaria Obligatoria* y *FP*, de *Formación Profesional*, que es como se conoce a cualquier estudio de carácter práctico que te prepara para ejercer un oficio o profesión.

1. ☐ bachillerato
2. ☐ infantil
3. ☐ secundaria (ESO)
4. ☐ formación profesional superior (FP)
5. ☐ primaria
6. ☐ estudios superiores

a. De 3 a 6 años.
b. De 6 a 12 años.
c. De 12 a 16 años.
d. De 16 a 18 años.
e. De 18 a 22 años.

1.1 **En parejas** Completa las frases con las palabras adecuadas. Todas deben estar relacionadas con la enseñanza. Luego compara con tu compañero/a y comparte la información que tengas. ¿Habéis podido completar todas las frases entre los dos?

1. Para estudiar en un centro debes hacer o pagar la ....
2. Los niños, en el colegio, cada año cambian de ....
3. Recibes una .... cuando el Gobierno o una institución te ayuda económicamente en tus estudios.
4. Si un examen tiene una calificación inferior a 5, está ....
5. Historia, Física, Música o Matemáticas son ....
6. En el colegio puedo estudiar en la ...., donde hay muchos libros.
7. La calificación que recibimos por un examen o un trabajo es la ....
8. Si un examen tiene una calificación igual o superior a 5, está ....

1.2 **Todo el grupo** ¿Qué áreas y recursos puedes encontrar en un curso o un aula virtual? ¿Cuáles has utilizado? ¿Te parecen útiles?

2 Cuando alguien va a hacer un examen, le deseamos suerte. Sigue el ejemplo y escribe qué le dirías a una persona que...

1. va a una fiesta. › ....
2. cumple años. › ....
3. se va a dormir. › ....
4. va a casarse. › ....
5. se va de viaje. › ....
6. está enferma. › ....
7. está comiendo. › ....
8. tiene una entrevista de trabajo. › ....

3 **En parejas** ¿Recuerdas qué estructuras usamos para pedir y dar consejos? Con tu compañero/a, por turnos, pedid o dad consejos según las situaciones que se plantean.

Estudiante A

1. Todos los días vas en coche a trabajar. Tardas mucho en llegar por los atascos.
2. Estás de exámenes y no descansas bien por los nervios.
3. Necesitas ganar más dinero. Con tu sueldo no tienes suficiente porque tu alquiler es muy alto.

Estudiante B

1. Las clases comienzan muy pronto; siempre llegas tarde o te duermes y el/la profesor/a no te deja entrar.
2. Acabas de terminar el bachillerato y no sabes qué carrera hacer.
3. Es la primera vez que vas a una entrevista de trabajo. Necesitas el puesto.

4 **En parejas** Fíjate en las imágenes y completa los diálogos.

1

2

3

4

Palabras

1 Lee la información que ha mandado esta universidad a sus nuevos alumnos y subraya todas las palabras que tengan relación con el ámbito de la educación.

www.universidad.es

RECOMENDACIONES

Antes del inicio del curso, te aconsejamos que visites el campus para familiarizarte con el lugar. Para ello, hemos programado una jornada de puertas abiertas el próximo día 1 de septiembre. Puedes realizar también la visita virtual que proporciona nuestra intranet. Busca primero la secretaría, porque ese es el sitio donde te solucionarán cualquier duda que tengas sobre tu matrícula, tu beca (si has solicitado una), o también donde te informarán si deseas hacer unas prácticas o realizar un intercambio. Descárgate los horarios para saber cuándo tienes clase y en qué aulas se imparten tus asignaturas y date una vuelta para localizarlas. No te olvides de visitar el aula multimedia, la biblioteca y la sala de conferencias.

1.1 **En parejas** Clasifica en la tabla las palabras que has subrayado. Luego compara con tu compañero/a. Si no coincidís, justifica tu respuesta.

Forman parte del centro o de la institución	Forman parte del sistema educativo

2 **En parejas** Relaciona cada palabra con su definición correspondiente.

a. bachillerato | **b.** carrera | **c.** máster | **d.** graduado/a | **e.** nota | **f.** apuntes

1. ☐ Notas que se toman de las explicaciones del profesor/de la profesora durante la clase.
2. ☐ Calificación que se recibe por un examen o trabajo.
3. ☐ Estudios universitarios.
4. ☐ Últimos años de la enseñanza secundaria.
5. ☐ Curso de especialización que se hace después de obtener el grado.
6. ☐ Persona que ha terminado una carrera universitaria y ha obtenido el grado.

2.1 Completa el diálogo con las palabras de la actividad anterior.

Eva: Hola, Paco.

Paco: ¿Qué tal, Eva? Ya sé por qué llamas… No, todavía no han salido las [1] ...., ja, ja, ja…

Eva: Es que estoy tan agobiada…

Paco: Ya verás como todo va a ir bien. ¿Has pensado ya qué [2] .... quieres hacer?

Eva: Me gustaría hacer Farmacia, pero vamos a ver la calificación final del [3] ....

Paco: Seguro que has pensado ya hasta en el [4] .... que quieres hacer cuando estés [5] ....

Eva: Pues sí, la verdad, pero después del examen que hice…

Paco: Seguro que lo hiciste mucho mejor que yo y estoy seguro de que no tendré una mala calificación.

Eva: Oye, por cierto, ¿me puedes dejar tus [6] .... de Física?

Paco: Ja, ja, ja… ¡No me digas que te quieres poner a estudiar antes de saber la nota! ¡Cómo eres!

3 **En parejas** Relaciona los verbos y los sustantivos. Haz todas las combinaciones posibles. Luego escribe seis frases en tu cuaderno con algunas de las combinaciones que has hecho.

1. Matricularse en
2. Pedir
3. Sacar
4. Hacer
5. Tener
6. Aprobar
7. Suspender
8. Corregir
9. Repetir
10. Empezar

[un / una / Ø]

- ejercicio.
- beca.
- asignatura.
- examen.
- buena o mala nota.
- escuela.
- curso/máster.

RAE

LÉXICO

En el español de México, Centroamérica y Argentina se dice ganar/reprobar una materia/un examen en lugar de aprobar/suspender y rendir un examen/una prueba en lugar de hacer:

*Terminó la escuela secundaria, pero no sacó su diploma por **haber reprobado** la materia de Inglés.*

*Nunca estudió, ni asistió a clases, ni nadie lo vio **rendir** examen alguno.*

4 **En grupos pequeños** A continuación tienes un campus virtual y sus áreas. Clasifica la información del recuadro dentro del área correspondiente.

1. Tablero de noticias | **2.** Foro de discusión | **3.** Enlaces a webs útiles | **4.** Trabajos de clase | **5.** Actividades prácticas | **6.** Encuestas | **7.** Recursos informáticos | **8.** Cuenta de correo propia

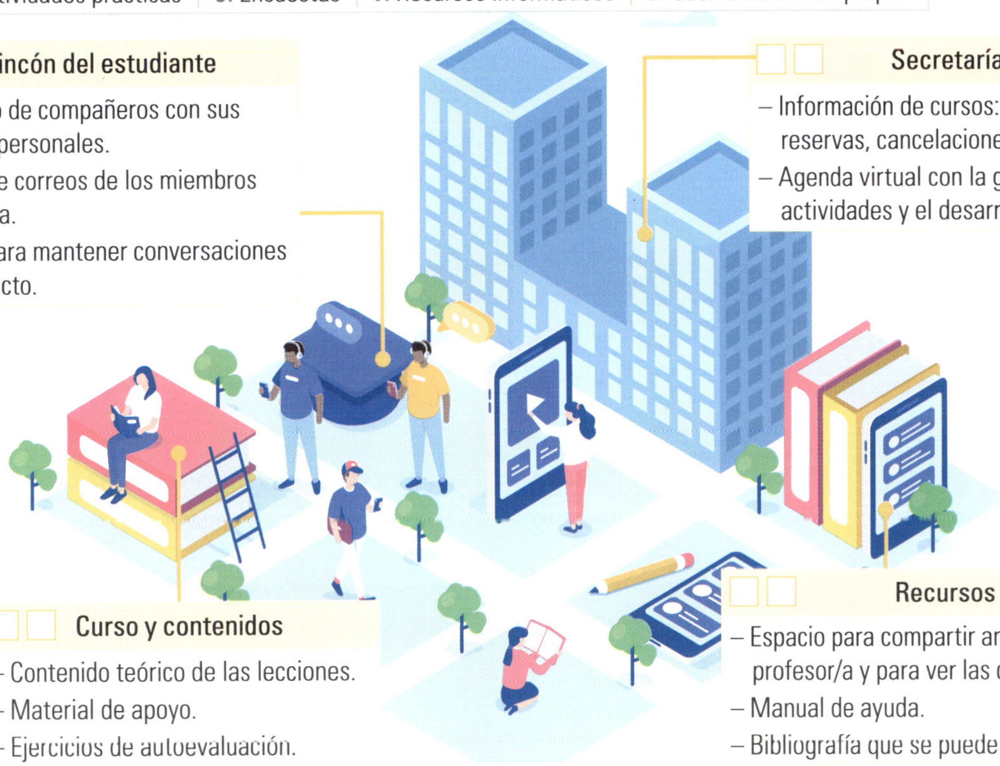

☐☐ Rincón del estudiante
- Listado de compañeros con sus fichas personales.
- Lista de correos de los miembros del aula.
- Chat para mantener conversaciones en directo.

☐☐ Secretaría
- Información de cursos: matrículas, reservas, cancelaciones, etc.
- Agenda virtual con la guía de actividades y el desarrollo del curso.

☐☐ Curso y contenidos
- Contenido teórico de las lecciones.
- Material de apoyo.
- Ejercicios de autoevaluación.

☐☐ Recursos
- Espacio para compartir archivos con el/la profesor/a y para ver las correcciones.
- Manual de ayuda.
- Bibliografía que se puede consultar.

4.1 **En grupos pequeños** ¿Has realizado alguna vez un curso en línea o has participado en un aula virtual? ¿Cómo fue la experiencia?

Gramática

1 Usos del subjuntivo (1): expresar deseos y preferencias

- Para expresar **deseos** y **preferencias** se usan los verbos *querer, desear, esperar, tener ganas de* o *preferir* en la oración principal.
  - Si el **sujeto** de la oración principal y el de la subordinada **son diferentes**, estos verbos van seguidos de *que* + **subjuntivo**:
    *¿**Quieres que acabemos** el trabajo luego?*
    *Te **deseo que todo te vaya** muy bien en el examen.*
    *Eva no **tiene ganas de que invitemos** a Juan, **prefiere que no venga**.*
  - Si el **sujeto** de las dos oraciones **es el mismo**, entonces estos verbos van seguidos de **infinitivo**:
    ***Esperamos irnos** de aquí pronto.*
- También se usa la interjección *ojalá (que)* seguida de subjuntivo:
  *¡**Ojalá (que) haga** buen día y **podamos** salir de excursión!*

1.1 Completa las siguientes frases con infinitivo o *que* + subjuntivo según corresponda.

1. El profesor me ha suspendido con un 4.9. Me ha dicho que quiere .... (estudiar) más. ¡Qué rabia me da!
2. Prefiero .... (dormir) en el hotel y .... (descansar). Luego vuelvo tranquilamente en el coche, no tengo prisa.
3. Espero .... (tener) suerte y .... (aprobar), pero reconoce que no has estudiado nada.
4. ¿Quieres .... (venir) al cine conmigo?
5. ¡Ojalá .... (mejorar, tú) y .... (salir) pronto del hospital!

1.2 **En parejas** Javier (J) está hablando con Silvia (S) sobre su afición al teatro. Durante la conversación también le recomienda a Silvia algunas actividades de ocio para combatir el estrés. Relaciona las columnas y, con tu compañero/a, decide quién expresa cada deseo.

1. ☐ Espero que	a. que alguno te interese.
2. ☐ ¡Ojalá	b. te mande algún enlace?
3. ☐ Yo no quiero	c. ir a la fisio y que me dé un masaje.
4. ☐ Prefiero	d. me contesten y que me acepten.
5. ☐ ¿Quieres que	e. que me vea nadie en ninguna revista.
6. ☐ Tengo ganas	f. te conviertas en un actor famoso!
7. ☐ Espero	g. de hacer algo nuevo.

1.3 Escucha el diálogo y comprueba tus respuestas anteriores. [10]

1.4 **En grupos pequeños** Piensa en el futuro y completa libremente estas frases. Luego compártelas con tus compañeros. ¿En qué coincidís?

1. Espero que al final del curso ....
2. Deseo que mi mejor amigo/a ....
3. ¡Ojalá mi familia .... !
4. Tengo ganas de que mis compañeros ....
5. No quiero ...., prefiero que ....
6. Tengo ganas ....

Fíjate:

- Existen muchas expresiones que sirven para manifestar buenos deseos a otra/s persona/s y que se construyen con *que* + **presente de subjuntivo**:

  ¡Que os divirtáis! *¡Que tengas suerte!* *¡Que duermas bien!*

  Como ves, no es necesario expresar el verbo principal *(deseo, espero...)* porque se sobrentiende.
- Estas expresiones funcionan como fórmulas sociales fijas y suelen escribirse entre signos de exclamación.

1.5 **En parejas** Relaciona las expresiones con los contextos en los que se usan. Luego compara con tu compañero/a para ver si tenéis las mismas soluciones. Si no es así, justifica tu respuesta.

1. ¡Que te mejores!
2. ¡Que vaya bien!
3. ¡Que lo pases bien!
4. ¡Que seáis felices!
5. ¡Que cumplas muchos más!
6. ¡Que descanses!
7. ¡Que aproveche!
8. ¡Que tengas buen viaje!

a. A alguien que se va de vacaciones o de fiesta.
b. Cuando una persona se casa.
c. A alguien que se va a dormir.
d. Cuando una persona está enferma.
e. A alguien que está comiendo o va a hacerlo.
f. Cuando una persona se va de viaje.
g. A alguien que va a hacer una entrevista de trabajo.
h. Cuando es el cumpleaños de una persona.

RAE

COMUNICACIÓN

En Hispanoamérica, algunas de estas expresiones son algo diferentes.

› Que la pases bien: *Sophie, si te vas a quedar aquí unos días es mejor **que la pases bien**, ¿no?*
› Que te vaya bonito (México): *Ojalá **que te vaya bonito**, ojalá que se acaben tus penas.*
› Que los cumplas feliz (Argentina): *Germán entra con una pequeña torta con 40 velitas encendidas y canta "**Que los cumplas feliz**".*
› Que te alivies: *Mami, espero **que te alivies** para que podamos estar juntas y vayamos a España de vacaciones.*

2 Usos del subjuntivo (2): dar consejos y hacer recomendaciones

- Para **dar consejos** y **hacer recomendaciones** se pueden usar los verbos *aconsejar*, *recomendar* y *sugerir* seguidos de **infinitivo** o **subjuntivo**:

  *Os **recomendamos buscar/que busquéis** en otras tiendas antes de comprarlo.*
  *El profesor siempre nos **aconseja leer/que leamos** mucho.*
  *Te **sugiero ver/que veas** esta película; te va a gustar más que la otra.*

- *Es* *conveniente* / *recomendable* / *aconsejable*
  - + **infinitivo**, para hablar de **acciones o situaciones generales**: *Es recomendable estudiar todos los días un poco.*
  - + *que* + presente de **subjuntivo**, para **personalizar el consejo**: *Luisa, es conveniente que seas más puntual.*

2.1 **En grupos pequeños** Escribe cinco consejos para sacar buena nota en un examen y compártelos con tus compañeros de grupo. ¿Coincidís? Utiliza las expresiones para dar consejos que aparecen en el cuadro anterior.

2.2 **Todo el grupo** Poned en común vuestros consejos y llegad a un acuerdo respecto a cuáles son los cinco más útiles.

2.3 Lee los consejos que aparecen en este texto y complétalo con los verbos del recuadro en subjuntivo o infinitivo según corresponda.

estudiar | creer | preparar | leer | revisar | informarse | dejar | estar | hablar

Diez claves para sacar buena nota en un examen

1. Es conveniente .... el examen con antelación para conseguir un buen resultado.
2. Te aconsejo que .... previamente de qué tipo de examen vas a hacer. No es lo mismo preparar un test que un examen en el que hay que desarrollar un tema.
3. El día previo a la prueba es recomendable no .... y solo repasar lo que ya has aprendido.
4. El día del examen es aconsejable .... tranquilo y ordenar bien las ideas que vas a desarrollar.
5. Es conveniente que .... en tus capacidades para tener éxito.
6. No te recomiendo .... con compañeros nerviosos, ni tampoco que llegues con poco tiempo.
7. Te sugiero que .... atentamente las instrucciones y los enunciados para poder responder bien a las preguntas.
8. Es aconsejable no .... nunca una pregunta en blanco. Es mejor responder con alguna idea que no escribir nada.
9. Te recomiendo que .... el examen antes de entregarlo.
10. Piensa siempre que un examen es solo el resultado de una prueba y no da nunca la medida de tu capacidad personal.

2.4 **Todo el grupo** Ahora comparad vuestros consejos con los que aparecen en el texto. ¿Hay alguno que coincide? ¿Cuál de los que no coinciden te parece más útil? Justifica tu respuesta.

3 Usos del subjuntivo (3): hacer peticiones

Para **hacer peticiones** se usan los verbos *pedir, rogar* y *suplicar* seguidos de *que* + **subjuntivo**:

*Te **pido**, por favor, **que vuelvas** pronto y **que** me **ayudes**.*

*El director **ruega que permanezcamos** en silencio.*

Fíjate:
Los verbos *rogar* y *suplicar* se usan en situaciones muy formales o bien cuando queremos pedir algo con mucho énfasis:
*Le **ruego** que se siente, por favor.* *¡Te **suplico** que me ayudes!*

A

B

3.1 Reescribe las siguientes peticiones usando el subjuntivo y relaciónalas con su imagen correspondiente.

1. [ ] ▶ ¡Explícamelo, te lo suplico, no lo entiendo!
   ▷ Lidia le suplica a Maribel ....
2. [ ] ▶ ¡Te lo ruego, perdóname!
   ▷ Eva le ruega a su amiga ....
3. [ ] ▶ Mamá, déjame tu coche, anda.
   ▷ Juan le pide a su madre ....
4. [ ] ▶ Sal más, ve al gimnasio y cuídate.
   ▷ El médico le pide a Jorge ....

C

D

4 Usos del subjuntivo (4): dar órdenes, dar permiso y prohibir

- Para **dar órdenes** puedes usar los verbos *mandar* y *ordenar*, y para **dar permiso y prohibir**, los verbos *dejar*, *permitir* y *prohibir*. Al igual que en casos anteriores, pueden ir seguidos de **infinitivo** o **subjuntivo**:

  *Le **han mandado hacer/que haga** los deberes.*
  *A mi hijo lo **dejo salir/que salga** un rato, pero solo hasta las ocho.*
  *Os **permito usar/que uséis** el diccionario durante el examen.*
  *Mi jefa nos **prohíbe utilizar/que utilicemos** el móvil en la oficina.*

- En carteles es frecuente el uso de fórmulas impersonales: ***se prohíbe/permite, está permitido/prohibido*** seguidas de **infinitivo**:

  *(**Está) Prohibido pisar** el césped.*
  ***Se permite viajar** con perros convenientemente atados y con bozal.*

Fíjate:

- El verbo ***ordenar*** se usa en situaciones muy especiales: cuando la persona que lo usa está muy enfadada y tiene una relación jerárquica de superioridad con el interlocutor (los padres con sus hijos, por ejemplo). En otros contextos, su uso puede resultar muy descortés y ofensivo.
- Recuerda que para dar órdenes se usa principalmente el **imperativo**:

  ***Venid** aquí inmediatamente.*

4.1 Transforma estas frases usando los verbos del cuadro anterior. Fíjate en el ejemplo.

Ejemplo: *Ve a clase ya.* › *Te **ordeno que vayas** a clase ya.*

1. Salid inmediatamente. › ....
2. Apaga la televisión ahora mismo. › ....
3. No abras la puerta a nadie. › ....
4. Coged mi móvil si necesitáis llamar. › ....
5. Ponte mi chaqueta si quieres. › ....
6. Responda usted a mi pregunta. › ....
7. Aquí no se puede fumar. › ....
8. No podéis salir durante las clases. › ....

5 Analiza las siguientes frases y relaciónalas con su significado correspondiente. Después añade un ejemplo más de cada categoría.

a. ¡Que seáis muy felices!
b. La profesora me ha mandado repetir los deberes.
c. No os dejo que vayáis allí, es peligroso.
d. Es conveniente que descanses antes del examen, Marta.
e. Les rogamos que disculpen las molestias.
f. ¡Ojalá que nos podamos ver pronto!
g. En esta cafetería está permitido entrar con mascotas.

1. ☐ Deseos y preferencias ....
2. ☐ Fórmulas sociales para expresar deseos ....
3. ☐ Consejos y recomendaciones ....
4. ☐ Peticiones ....
5. ☐ Órdenes ....
6. ☐ Permiso ....
7. ☐ Prohibición ....

Practica en contexto

1 **En parejas** Daniel y Ana son compañeros de clase y están hablando de lo que les gustaría hacer cuando terminen la secundaria. Ordena el diálogo junto a tu compañero/a.

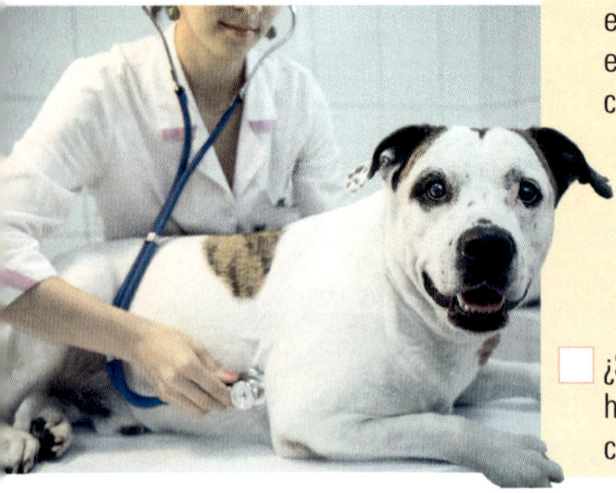

- [1] Daniel, ¿tú has decidido ya lo que quieres hacer después de la secundaria?
- [ ] Buena idea, hablaré con ella. Ojalá pueda ayudarme. Oye, y tú, ¿qué vas a hacer?
- [ ] Pero ¿qué es lo que quieres tú? ¿Qué te interesa estudiar a ti?
- [ ] La verdad es que no. Por un lado, pienso en el bachillerato porque a mi madre le hace muy feliz que me matricule en la universidad y haga Medicina, como hizo ella, y mi padre solo me recomienda que estudie algún idioma con mucho futuro, como el chino. Pero, por otro lado...
- [ ] Pues eso... Ya sabes que a mí lo que me gusta es dibujar y, aunque me apetece aprender un idioma, también quiero estudiar Diseño Gráfico.
- [ ] ¿Sabes? Creo que es importante que hables con nuestra tutora. Te veo confuso... Ojalá te ayude a aclararte y te dé algún consejo interesante. Mónica me ha parecido una profesora muy maja.
- [ ] Oye, ¿por qué no les recomiendas a tus padres que hablen ellos también con nuestra tutora?
- [ ] Me lo imaginaba, con lo que te gustan los animales... ¿Y se lo has dicho a tus padres?
- [ ] Claro..., y se pasan el día aconsejándome que lo piense bien, que no decida todavía nada...
- [ ] Yo lo tengo muy claro. A mi padre, al igual que a tu madre, le encanta la idea de que me matricule en Medicina, mientras que mi madre quiere que me gradúe en algo relacionado con los negocios y prefiere que me vaya a estudiar a otro país; así, de paso, también aprendo un idioma. Pero yo sueño con llegar a ser veterinaria.
- [11] Ja, ja, ja... Pues es verdad, tienen ellos más dudas que yo.

Pedir, dar y agradecer un consejo

- Para **pedir un consejo** puedes usar las siguientes expresiones:
  - ¿Puedes aconsejarme?
  - ¿Qué me recomiendas/aconsejas?
  - ¿A ti qué te parece?
  - ¿Qué puedo hacer?
- Recuerda los verbos y expresiones que has aprendido para **dar consejos**:
  - ***Te aconsejo/recomiendo/sugiero*** + infinitivo/***que*** + subjuntivo
  - ***Es conveniente/aconsejable/recomendable*** + infinitivo/***que*** + subjuntivo
- Para **dar las gracias** puedes usar expresiones como:
  - Muchas gracias por todo/tu consejo.
  - Te agradezco mucho tu ayuda.
  - Me has ayudado mucho, ¡gracias!

1.1 [11] Escucha la conversación y comprueba tu respuesta anterior.

1.2 **En parejas** Elige uno de los papeles (A o B) y, por turnos, pide y da consejos a tu compañero/a. Comienza el estudiante A.

Estudiante A

- Preguntas a tu compañero/a qué quiere hacer después del bachillerato.
- Te parece que los idiomas tienen más posibilidades de trabajo que Historia.
- Le aconsejas que vaya a un país donde se hable el idioma que estudie. Crees que el chino es una buena opción.
- El fin de semana vas a hacer un curso en línea de programación de videojuegos.
- Deseas dedicarte a crear videojuegos. Esperas que una escuela importante te acepte.
- No sabes qué hacer en caso de que no te acepten. Le pides consejo a tu compañero/a.

- No sabes muy bien qué estudiar: idiomas o Historia. Le pides consejo a tu compañero/a.
- Pídele también consejo sobre dónde estudiar: aquí o en otro país y, además, qué idioma tiene más futuro.

Estudiante B

- Preguntas a tu compañero/a qué va a hacer el próximo fin de semana.
- Le preguntas si quiere dedicarse a eso y por qué.
- Quieres saber qué hará si la escuela no lo acepta.
- Le aconsejas que busque otra escuela, que se informe bien en internet porque seguro que hay muchas escuelas buenas.

2 Daniel te ha escrito un mensaje. Léelo y dale consejos sobre cada tema que plantea.

Hola. Es que estoy pensando en estudiar chino en la universidad, así mis padres se quedan contentos; al mismo tiempo, quiero hacer un curso de diseño gráfico en línea, sin decirles nada a ellos. Puedo pedir una beca o trabajar este verano para pagármelo. ¿A ti qué te parece? Por cierto, ¿sabes de algún trabajo? 😅

....

....

....

2.1 **En grupos pequeños** Comparte tu mensaje con tus compañeros. ¿Habéis coincidido en alguno de vuestros consejos? ¿Cuál crees que debe ser el criterio principal a la hora de elegir qué estudiar?

Interaccionar en una conversación

- Para indicar que **sigues con interés** lo que te cuentan, puedes usar:
  - Sí, sí, claro. / Sí, ya.
  - ¿De verdad? / ¿En serio?
  - ¡Vaya!
- Para **controlar la atención** de la persona con la que hablas, puedes decir:
  - Mira... / Oye...
  - ¿No? / ¿Sí?
  - ¿Vale? / ¿Me entiendes?

3 [12] Al final Daniel decide hablar con su tutora. Escucha y señala cuál de los dos, Daniel (D) o la tutora (T), expresa las ideas que tienes a continuación.

1. ☐ Las escuelas privadas de diseño gráfico cuestan mucho.
2. ☐ No se puede pagar el curso pidiendo una beca.
3. ☐ Su sueño es trabajar en el diseño de videojuegos y cómics.
4. ☐ Hay que perseguir lo que se desea.
5. ☐ Diseño Gráfico es una carrera con un gran futuro profesional.
6. ☐ Va a hablar con sus padres para explicarles sus planes.

3.1 **Todo el grupo** Mario Benedetti fue un escritor, poeta, dramaturgo y periodista uruguayo del siglo pasado. Lee la frase de Benedetti que cita la tutora; ¿qué crees que quiere decir?

Ojalá que la espera no desgaste mis sueños.

3.2 **En parejas** Y tú, ¿qué deseos tienes para tu futuro a corto o medio plazo? Piensa en tus estudios, en tu trabajo y en tu vida personal. Coméntalo con tu compañero/a.

3.3 **En parejas** ¿Qué le aconsejas a tu compañero/a para que consiga sus propósitos?

3.4 **Todo el grupo** ¿Crees que los sueños se pueden hacer realidad? ¿Te consideras una persona soñadora?

4 **En parejas** ¿Sabes qué significa la palabra *netiqueta*? Fíjate bien en cómo está formada y elige la definición correcta.

1. Reglas que se deben seguir para hablar con desconocidos en las redes sociales.
2. Normas que regulan el comportamiento de los usuarios cuando interactúan en internet.
3. Conjunto de sanciones relativas a comportamientos inapropiados en la red.

4.1 Lee el siguiente texto y comprueba tu respuesta anterior.

La netiqueta en el aula virtual

La *netiqueta*, palabra derivada del inglés *net* ('red') y del francés *etiquette* ('buena educación'), es el conjunto de normas que regulan el comportamiento de los usuarios en las diversas plataformas de internet. De la misma manera que existen protocolos[1] para los encuentros presenciales entre personas, la netiqueta describe protocolos que se deben utilizar en los encuentros virtuales.

Ajustarse a las normas de la netiqueta permite evitar malentendidos y problemas entre usuarios, al tiempo que impide que la actuación de un usuario pueda molestar a otros o que se usen los recursos del sistema de forma inapropiada.

Nuestra plataforma educativa tiene sus propias normas de netiqueta. Por ejemplo, está completamente prohibido que los usuarios utilicen la plataforma con fines comerciales. También les pedimos que en los chats y en los foros cuiden la ortografía o que en los mensajes enviados especifiquen siempre el asunto. Estas son solo algunas de las normas que mejoran notablemente la experiencia en nuestras aulas virtuales.

[1] Conjunto de reglas de cortesía que se siguen en las relaciones sociales y que han sido establecidas por costumbre.

Adaptado de http://datateca.unad.edu.co/contenidos/434206/434206/anexo_4_netiqueta_en_la_plataformas_de_unad_virtual.html

4.2 **En parejas** Con tu compañero/a, resume en una línea cada párrafo del texto.

1. ....
2. ....
3. ....

5 **En grupos pequeños** Piensa en cinco normas que, según tú, debe incluir la netiqueta de cualquier campus virtual.

Pedimos a los usuarios que... ....

....

....

....

5.1 **Todo el grupo** Compartid vuestras normas con la clase y, entre todos, elegid las diez más útiles para elaborar la netiqueta de una plataforma educativa virtual.

5.2 [13] Escucha a la profesora de un aula virtual que habla sobre las normas de netiqueta de su curso en línea y comprueba si las que has escrito con tus compañeros se encuentran entre ellas.

5.3 [13] Escucha de nuevo y clasifica las normas en la tabla según corresponda.

Te pedimos que...	Te rogamos que...	Está prohibido que...	Está permitido que...

5.4 **Todo el grupo** En las aulas virtuales en las que has participado, ¿crees que los integrantes respetaban las normas de netiqueta? ¿Recuerdas alguna anécdota en este sentido? Coméntalo con tus compañeros.

6

En parejas Relaciona los siguientes iconos con las actividades que aparecen destacadas en las distintas áreas de un campus virtual.

Rincón del estudiante	Secretaría
a. **Ver la ficha personal.**	Ver el tablero de anuncios.
b. **Chatear con los compañeros.**	e. **Solicitar un diploma o certificado.**
Recibir las notas.	Pedir información.
Ver mensajes de los profesores.	Matricularse.
Consultar el correo.	Cancelar el curso.

Curso y contenidos	Recursos
Participar en talleres.	Ver enlaces de interés.
Consultar el programa.	Consultar bibliografía.
c. **Ver las lecciones del curso.**	Enviar trabajos al/a la profesor/a.
Participar en foros.	f. **Descargar el material del curso.**
d. **Hacer test de evaluación.**	g. **Solicitar ayuda del servicio técnico.**

6.1 **En parejas** Imagina un campus virtual de español. ¿Qué recursos y servicios crees que debe ofrecer en cada una de sus áreas (rincón del estudiante, secretaría, curso y contenidos y recursos)? Trabaja con tu compañero/a.

6.2 **Todo el grupo** Comparte con la clase tu campus virtual de español ideal. ¿Qué recursos y servicios os parecen imprescindibles?

6.3 **Todo el grupo** ¿Qué ventajas e inconvenientes crees que tiene la enseñanza virtual frente a la presencial? ¿Y en lo referente al aprendizaje de lenguas?

Expresar preferencia

Además del verbo ***preferir***, para decir que algo nos parece mejor podemos usar:

- ***Me gusta/interesa más que*** + presente de subjuntivo
  Me gusta más que *haya profesores en línea.*
  *¿**No te interesa más que** haya material descargable?*
- **Lo que más/menos me gusta/interesa es/son...**
  Lo que más me gusta es *el foro.*
  Lo que menos me interesa son *los talleres.*

LA ENSEÑANZA EN Hispanoamérica

1 **En parejas** Lee lo que los estudiantes de Chile, Colombia y México esperan de sus profesores. Ordénalo de más a menos importante según tu opinión.

- ☐ Que incorporen materiales novedosos en el aula.
- ☐ Que utilicen las nuevas tecnologías.
- ☐ Que sepan aplicar estrategias y metodologías diversas.
- ☐ Que crean en las capacidades de los estudiantes.
- ☐ Que sepan escuchar y nos permitan opinar.
- ☐ Que transformen las evaluaciones en un desafío para aprender.
- ☐ Que disfruten de lo que hacen.
- ☐ Que creen oportunidades para que todos puedan aprender.
- ☐ Que utilicen espacios de aprendizaje diversos.
- ☐ Que generen un ambiente de confianza y participación.

Adaptado de https://www.flipwit.com/blog/super-profesor/que-esperan-los-estudiantes-de-sus-profesores/

1.1 **Todo el grupo** Tu profesor/a te dirá el orden en que habían puesto los temas los estudiantes hispanoamericanos. ¿En qué habéis coincidido? ¿Te llama la atención especialmente alguno de los temas? ¿Por qué?

2 **En parejas** Lee el texto sobre los avances en la educación en Hispanoamérica y relaciona los fragmentos de las dos columnas para completar la información.

En los últimos años se han producido cinco avances muy significativos en la educación en Hispanoamérica que muestran, en buena parte, el desarrollo del sector en la región y plantean grandes desafíos para el futuro de la enseñanza en los países de habla hispana.

1. Más niños asisten a la escuela tanto en la educación preescolar como en la primaria y la secundaria.
2. La prueba PISA muestra que algunos países han mejorado sus niveles de aprendizaje.
3. En casi todos los centros los estudiantes tienen acceso a un ordenador.
4. Los Gobiernos de la región invierten cada vez más en educación.
5. Actualmente, el número de estudiantes que completan la secundaria es muy superior al de hace diez años.

a. Perú y Colombia han mejorado en Matemáticas, Ciencias y Lectura.
b. En los últimos años, el gasto público en educación ha pasado del 4.2 % del producto interior bruto al 5.9 % como promedio en estos países.
c. Se ha conseguido que más de un 95 % de niños de 6 a 14 años asistan al colegio.
d. Se ha aumentado del 51 % al 60 % en secundaria y del 33 % al 42 % en bachillerato.
e. Se ha mejorado notablemente, llegando en la actualidad a 14 estudiantes por ordenador en los centros públicos.

Adaptado de https://blogs.iadb.org/educacion/es/cima-5-avances-clave-de-la-educacion-en-america-latina-y-el-caribe/

3 **Todo el grupo** ¿Conoces los datos de tu país? ¿Cuántos estudiantes completan la secundaria? ¿De qué recursos tecnológicos disponen los centros públicos? Busca la información en internet y compártela con tus compañeros.

Vídeo

Cartelera DE CINE

Diario argentino

Sinopsis

Lupe, después de varios años, vuelve a Argentina desde España para hacer unos trámites. Allí se reencuentra con su madre, su padrastro y sus amigas.

Durante su viaje a Mar del Plata, rememora con ellos recuerdos de su infancia, de su padre fallecido y de la evolución política de Argentina. Desde un punto de vista autobiográfico, la película profundiza en las experiencias políticas de sus protagonistas y en el deseo de Lupe, como emigrante, de volver algún día a su país.

Antes de la secuencia

1 **Todo el grupo** Lupe visita Mar del Plata para pasar unos días de descanso. Buscad en internet información sobre esta ciudad y anotad los datos más importantes.

2 ¿Quién de estas personas crees que recibirá a Lupe? Marca las posibles respuestas.

3 **Todo el grupo** Imagina qué tipo de conversación puede mantener Lupe con sus seres queridos nada más llegar a Argentina después de varios años. ¿De qué temas crees que hablarán? Coméntalo con tus compañeros.

Durante la secuencia

4 Mira el fragmento 00:00 ▶ 02:07 y comprueba tus respuestas anteriores. ¿Has acertado?

4.1 **En parejas** Lupe llega a Mar del Plata desde Buenos Aires y allí es recibida por sus familiares. Lee las siguientes frases y decide si son verdaderas (V) o falsas (F). Luego visiona de nuevo el fragmento 00:00 ▶ 02:07 para comprobar tus respuestas.

1. Mario y su madre esperan a Lupe en el andén de la estación. .... V F
2. Mario dice que está más viejo desde que no ve a Lupe. .... V F
3. Desde que Lupe se marchó a España, la han pasado muy bien. .... V F
4. Mario dice que extraña a los hijos de Lupe, en especial a Ciro. .... V F
5. El tren no llegó puntual. .... V F
6. Mario llevaba más de una hora en la estación porque estaba nervioso. .... V F

5 Lupe llama a su familia a Barcelona. Visiona el fragmento 03:05 ▶ final, escucha la conversación que mantiene con Carlos, su marido, y completa las palabras que faltan.

Lupe: Hola, [1] .... ¿Qué tal?
Carlos: Bien, acá estaba acostando a los chicos. Bueno, se levantó Yuri para [2] .... el teléfono, pero ahora lo acuesto enseguida. ¿Y allí qué tal?
Lupe: Bien, bastante frío.
Carlos: No, yo acá cagado de [3] ...., no se puede estar. ¿Dónde estás?
Lupe: Acá en Mar del Plata.
Carlos: ¿Cómo en Mar del Plata? ¿Ya te fuiste? ¿Y el turno del [4] ....?
(El teléfono comienza a pitar)
Lupe: No, es que no tengo más [5] ...., me parece, por eso hace ese [6] ....
Carlos: Bueno, llamame después.
Lupe: Bueno, bueno, después te llamo.

6 Visiona la secuencia completa y elige la opción correcta.

1. En la estación...
   a. hay mucha gente.
   b. no hay prácticamente nadie.
2. En el coche...
   a. Mario conduce.
   b. la madre de Lupe conduce.
3. En la cabina de teléfono...
   a. el hijo de Lupe contesta a la llamada.
   b. el marido de Lupe contesta a la llamada.
4. Mientras Lupe habla por teléfono...
   a. unos chicos juegan al tenis.
   b. unos chicos juegan al fútbol.

Después de la secuencia

7 **En grupos pequeños** Durante la secuencia, Mario le dice a Lupe "la pasamos muy dura", en referencia a los incidentes ocurridos en Argentina en diciembre de 2001 y en los meses posteriores. Busca en internet información sobre qué ocurrió exactamente en esa fecha en Argentina y escribe un resumen. Luego compara con tu compañero/a.

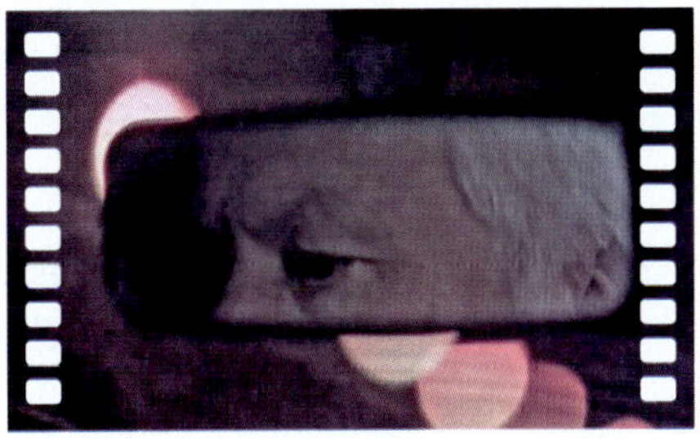

....

....

....

....

7.1 **Todo el grupo** En caso de tener que emigrar, ¿qué país crees que elegirías? ¿Por qué?

Evaluación

1 Completa el texto con las palabras del recuadro.

nota | beca | curso | aprobadas | matrícula | secretaría | prácticas | intercambio

Si quieres pedir una [1] .... para pagar la [2] .... del próximo [3] ...., debes acudir a [4] ...., donde te informarán de los trámites necesarios. Allí también puedes solicitar hacer [5] .... en alguna empresa o un [6] .... con alguna universidad de otro país. Para solicitar ayudas es fundamental tener todas las asignaturas [7] .... y haber alcanzado en el último curso una [8] .... media de 6.

2 Lee estas definiciones y escribe la palabra a la que se refieren.

1. .... Notas que se toman durante la clase.
2. .... Estudios que se hacen entre los 6 y los 12 años.
3. .... Estudios que preparan para realizar una profesión.
4. .... Últimos años de la enseñanza secundaria.
5. .... Curso de especialización que se hace después del grado.
6. .... Persona que ha obtenido el grado universitario.

3 Relaciona los elementos de las dos columnas para formar frases.

1. Hemos pedido...
2. Pablo aprobó...
3. Hoy he hecho...
4. Si suspende todo...
5. En el trabajo de Historia...
6. Me matricularé solo...
7. La profesora aún no...
8. Eva ha sacado...

a. el examen.
b. buena nota en todas las asignaturas.
c. una beca de investigación.
d. he tenido muy buena nota.
e. un examen y creo que me ha salido muy bien.
f. de dos asignaturas.
g. tendrá que repetir curso.
h. ha corregido nuestros trabajos.

4 Conjuga los verbos entre paréntesis en la forma adecuada.

1. Te rogamos que nos .... (decir) la verdad, por favor.
2. Ojalá esta tarde .... (hacer) mejor tiempo y .... (dejar) de llover.
3. El director ha ordenado que el instituto .... (cerrar) una hora antes.
4. La profesora siempre nos aconseja .... (practicar) mucho.
5. ¿Dónde prefieres .... (ir) esta tarde?
6. Os he pedido que .... (venir) para contaros una cosa importante.
7. Os recomiendo que .... (alquilar) un coche para recorrer la región.
8. El profe nos ha prohibido .... (usar) el móvil durante el examen.

5 Relaciona las frases de la actividad anterior con estos usos del subjuntivo.

Expresar deseos y preferencias	Dar consejos y hacer recomendaciones	Hacer peticiones	Dar órdenes, dar permiso y prohibir

6 Fíjate en las imágenes y expresa un deseo usando ¡*Que* + presente de subjuntivo!

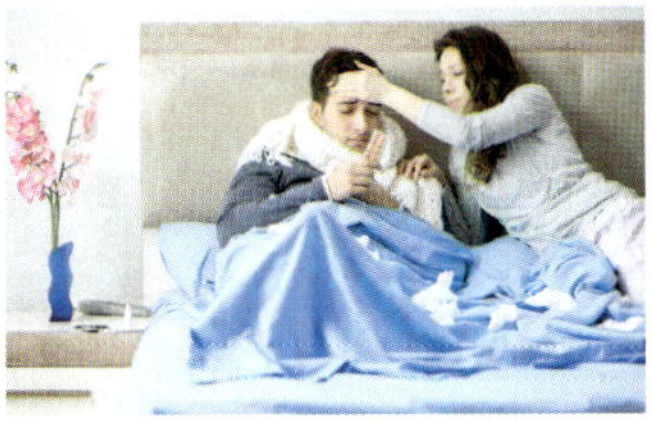

1. ....

2. ....

3. ....

4. ....

5. ....

6. ....

7 Imagina que un/a compañero/a de un aula virtual te pide consejo en el chat para aprovechar bien el curso y lo que ofrece el campus. Escribe en tu cuaderno una respuesta de unas cien palabras.

8 Imagina que eres profesor/a. Escribe tres cosas que permites que hagan tus estudiantes y otras tres que les prohíbes.

Os dejo que...

1. ....
2. ....
3. ....

Os prohíbo que...

1. ....
2. ....
3. ....

9 Reescribe las frases donde sea posible usar el infinitivo en lugar del subjuntivo.

1. Esperamos que el examen no sea muy difícil. › ....
2. Te recomiendo que vayas a ese restaurante, es muy bueno. › ....
3. En la piscina no te dejan que entres con perro. › ....
4. La secretaria me ha pedido que lleve una fotocopia del carné. › ....
5. Nos han ordenado que salgamos de la biblioteca. › ....
6. ¿Prefieres que hable yo con Laura? › ....

10 ¿Qué tipo de técnicas de estudio te resulta más útil para cada destreza o contenido? Márcalo en la tabla y luego explica tus razones al resto de la clase.

	Gramática	Vocabulario	Comunicación
De repaso: basadas en la práctica reiterada.	☐	☐	☐
De elaboración: basadas en la memorización.	☐	☐	☐
De organización: basadas en la reflexión.	☐	☐	☐

Unidad

4

Fíjate en la imagen principal y en el título de la unidad; ¿cuál crees que es el tema que se va a tratar?

¿Qué relación puedes establecer entre la imagen principal y el resto de las imágenes?

¿Crees que llevas un estilo de vida sostenible? Justifica tu respuesta.

¡Súmate!

En esta unidad vas a. . .

- Opinar sobre el medioambiente
- Expresar juicios de valor y certeza
- Debatir y posicionarte
- Expresar acuerdo y desacuerdo con una opinión
- Descubrir paraísos naturales de Latinoamérica en peligro

¿Qué sabes?

1 **Todo el grupo** ¿Sabías que la naturaleza está en peligro desde hace muchos años? Lee este fragmento de un libro que Miguel Delibes de Castro, famoso biólogo español, escribió en el año 2001. Luego responde a las preguntas y expresa tu opinión.

RAE

Vida. La naturaleza en peligro

Un canadiense medio precisa[1] casi ocho hectáreas para cubrir los requerimientos[2] que demanda su modo de vida actual, mientras que un ciudadano norteamericano necesita unas diez, un sueco alrededor de seis, un italiano y un español algo más de cuatro, un mexicano dos y media y un hindú menos de una hectárea. La Tierra produce y recicla en la actualidad el equivalente a dos hectáreas por habitante (si en el año 2050 la población alcanza los 10 000 millones, el espacio productivo caerá a 1.2 hectáreas por cabeza) y, sin embargo, la impronta promedio[3] de la humanidad es ya hoy superior a dos hectáreas y media. El conjunto de la humanidad está, por tanto, consumiendo más de lo que la naturaleza puede proporcionar sin deteriorarse[4].

[1] Precisar = necesitar, requerir.
[2] Requerimiento = exigencia.
[3] Impronta promedio = huella global o ecológica, el impacto que el ser humano produce en la naturaleza para satisfacer sus necesidades.
[4] Deteriorarse = estropearse, perder calidad.

Extraído de *Vida. La naturaleza en peligro*, Miguel Delibes de Castro, editorial Temas de Hoy, 2001. Incluido en el CREA (Corpus de Referencia del Español Actual)

> Fíjate:
> La *hectárea global* es una medida que se obtiene al dividir la biocapacidad de la Tierra (15 000 millones de hectáreas) entre el número de personas que habitan en ella. La cifra que resulta es el número de hectáreas que cada ser humano puede emplear para vivir sin reducir la capacidad de biogeneración del planeta.

1. ¿Por qué crees que algunas nacionalidades necesitan más hectáreas que otras para abastecerse?
2. ¿Cuántas hectáreas por habitante regenera la Tierra, según el texto?
3. ¿Por qué crees que consumimos más de lo que debemos?
4. El texto que has leído es del año 2001. En aquel momento la huella global era de unas 2.5 hectáreas. Actualmente la huella global está en 2.8. ¿Qué conclusiones se pueden sacar?

1.1 **En parejas** Haz esta encuesta a tu compañero/a para conocer sus hábitos. Después analiza el resultado.

Alimentación

1. ¿Qué comes normalmente?
   a. Alimentos frescos, frutas y verduras de la zona donde vivo.
   b. Alimentos congelados, frescos y en conserva.
   c. Alimentos procesados.
2. ¿Con qué frecuencia comes pescado?
   a. No como nunca pescado.
   b. Menos de tres veces a la semana.
   c. Más de tres veces a la semana.

Vivienda y energía

3. ¿En qué tipo de casa vives?
   a. En un apartamento pequeño o un estudio.
   b. En una casa mediana.
   c. En una casa grande.
4. ¿Cómo usas la electricidad?
   a. Intento gastar lo mínimo posible.
   b. Gasto lo que necesito.
   c. No sé lo que gasto.

1.2 **Todo el grupo** Comparte tu análisis con el resto de la clase. ¿Crees que tenemos que cambiar nuestro modo de vida? Justifica tu opinión a la vista de los resultados obtenidos.

Ejemplo: *Yo creo que no podemos continuar con nuestro modo de vida, porque es evidente que, si seguimos así, en algún momento se agotarán los recursos...*

1.3 Fíjate en los verbos destacados en los resultados del test. ¿En qué modo aparecen? ¿Alguno corresponde a los usos de este modo que conoces? Si no es así, ¿por qué crees que aparece este modo aquí?

2

Relaciona los elementos de las dos columnas para saber cómo cambiar los malos hábitos con respecto a la conservación del medioambiente.

1. Tomar conciencia.
2. Dar la máxima vida a los objetos.
3. Utilizar el transporte público.
4. Reducir residuos.
5. Reutilizar los objetos.
6. Ahorrar energía.
7. Evitar dejar aparatos en *stand-by* o los cargadores enchufados.
8. No desperdiciar el agua.

a. Reparar lo que se estropee antes de tener que tirarlo.
b. Hay electrodomésticos y bombillas de bajo consumo que, además, duran más.
c. Toda acción que realizas tiene una consecuencia.
d. Un grifo que gotea desperdicia 50 litros de agua en una semana.
e. Y, si no hay más remedio que ir en coche, compartirlo.
f. Siguen gastando energía.
g. Optar por productos sin envoltorios ni envases.
h. Muchos pueden usarse de nuevo con otra función.

2.1 **Todo el grupo** Clasifica los consejos anteriores por orden de prioridad según tu opinión. Después compara tus respuestas con las de tus compañeros y expresa acuerdo o desacuerdo con lo que opinan ellos.

Ejemplo:
▶ *Según mi opinión, lo más importante es que empecemos a usar el transporte público o medios de transporte más ecológicos.*
▷ *Sí, yo estoy de acuerdo contigo, porque el coche es lo que más contamina...*

Papel

5. ¿Qué tipo de papel utilizas?
   a. Reciclado.
   b. No reciclado.
   c. El que tenga.

Consumo

6. ¿Con qué frecuencia compras ropa nueva?
   a. Cada seis meses o más.
   b. Cada dos a seis meses.
   c. Todos los meses.

Transporte

7. ¿Cuándo utilizas el transporte público?
   a. Siempre.
   b. Algunas veces.
   c. Siempre voy en coche.

Agua

8. ¿Normalmente te duchas o te bañas?
   a. Solo me ducho.
   b. Me ducho y alguna vez me baño.
   c. Me baño con frecuencia.

Fuente: https://www.vidasostenible.org/huella-ecologica/

Mayoría de a. ¡Enhorabuena! Necesitas unas 2 hectáreas para mantener tu estilo de vida. Estás cerca de la media global del planeta y eso significa que estás actuando de forma sostenible. No creemos que **necesites** cambiar demasiado tus hábitos.

Mayoría de b. Está claro que tus hábitos pueden mejorar. Necesitas ente 3 y 6 hectáreas de tierra para mantener tu modo de vida. Esta cantidad está por encima de la media del planeta. Es bueno que **pienses** en ello y **decidas** si quieres continuar usando más recursos de lo deseable.

Mayoría de c. Definitivamente tus hábitos están muy por encima de la media. Necesitas entre 6 y 9 hectáreas de tierra productiva. Es importante que **cambies** tu forma de consumir si no quieres que los recursos del planeta **se agoten**.

Palabras

1 **En parejas** Lee el texto y relaciona las palabras en negrita con su imagen correspondiente.

La Tierra pide ayuda

Cada día, la Tierra nos envía señales evidentes de que las cosas no están funcionando correctamente. En los polos, el [a] **deshielo** reduce cada vez un poco más su superficie y, por este motivo, el nivel del mar está también aumentando. Grandes desastres naturales, como los huracanes, los [b] **incendios** o las [c] **inundaciones**, son cada vez más frecuentes. En los últimos cien años la temperatura global de la Tierra ha subido casi un grado; la tendencia dice que seguirá subiendo si no reducimos las emisiones de [d] **dióxido de carbono** (CO_2). Este gas, que proviene del uso de combustibles como el [e] **petróleo** o el carbón, es el principal responsable del [f] **efecto invernadero**, un fenómeno que provoca el aumento de las temperaturas al impedir la salida de las radiaciones infrarrojas de la atmósfera. A estos problemas se une la [g] **deforestación**, motivada por la necesidad de usar el suelo para el cultivo masivo de alimentos. Sin bosques, muchos terrenos acaban convirtiéndose en desiertos y los animales, al perder su hábitat natural, desaparecen. Miles de personas en todo el mundo quieren que los Gobiernos obliguen a utilizar [h] **energías renovables** que no contaminen. Para muchos es necesario, además, que los ciudadanos consumamos solo lo que verdaderamente necesitamos y reciclemos nuestra [i] **basura**. La Tierra pide ayuda a gritos.

1.1 **En parejas** Vuelve a leer el texto y numera los temas según se mencionan. ¿Qué palabras claves te han ayudado a identificarlos?

- ☐ energías limpias
- ☐ agricultura intensiva
- ☐ huella ecológica
- ☐ calentamiento global
- ☐ animales en peligro de extinción

2 **En parejas** En un programa de radio, Luis Ramírez, vicepresidente del Gobierno, y Marta Fernán, presidenta de la asociación Salvemos la Tierra, debaten sobre el cambio climático. ¿Quién de los dos crees que ha hecho los siguientes comentarios? Justifica tu respuesta.

Quién	Comentario
1.	Vamos a trabajar para reducir los niveles de contaminación.
2.	A ustedes no les importan el planeta ni los ciudadanos.
3.	El aumento de la temperatura no ha sido excesivo.
4.	Me parece increíble que no busquen soluciones al problema.
5.	Necesitamos que se reduzca la emisión de gases.
6.	No creo que se pueda hablar de calentamiento.

2.1 [14] Escucha el audio y comprueba tus respuestas.

RAE

COMUNICACIÓN

- Tú y vos frente a usted. *Tú* es la forma empleada en España y en muchas zonas de América para el tratamiento informal o de confianza. El pronombre vos se usa en América mayoritariamente en el Cono Sur y en amplias zonas de América Central. En algunos países, como Chile, vos alterna con tú:

  *¿Qué hace un tipo como **tú** despierto a estas horas?*

- Usted frente a tú y vos. *Usted* es la forma más empleada para el tratamiento formal. El pronombre usted implica cierto distanciamiento, cortesía y formalidad:

  *¿Cómo se puede uno poner en contacto con **usted** aunque sea por correo electrónico?*

- El mismo valor formal presenta la forma de plural ustedes frente a vosotros/as en la mayor parte de España; en cambio, en todo el territorio americano y, dentro de España, en Andalucía occidental y Canarias, ustedes es la única forma empleada para dirigirse a varios interlocutores, tanto en el tratamiento formal como en el informal.

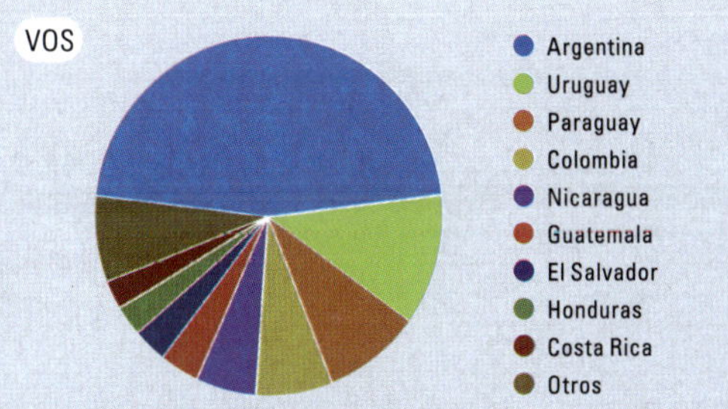

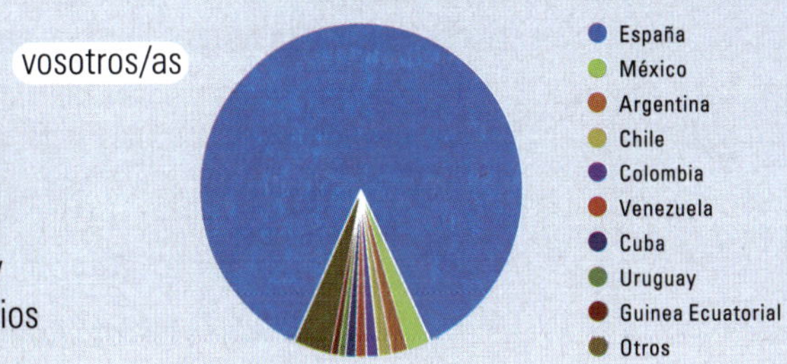

2.2 **En parejas** Lee estos titulares y explica el significado de las palabras en negrita. ¿Puedes deducirlo por el contexto?

1. Aparecen miles de **peces muertos** en el mar Mediterráneo.
2. Una gran masa de bolsas de plástico **flota** en medio del océano Pacífico.
3. Cada día hay más personas interesadas en la **energía solar** porque no contamina y es infinita.
4. Un **glaciar** de la Patagonia pierde hielo rápidamente debido a las altas temperaturas.
5. Mañana se espera una nueva **ola de calor**, con temperaturas superiores a los 42 °C.
6. Los simios de Borneo, en peligro por la **tala** de árboles.
7. Los partidarios de las tiendas de **segunda mano** creen que se compra demasiada ropa nueva.

2.3 **Todo el grupo** Lee de nuevo los titulares y comenta qué problema describe cada uno. ¿Cuál os parece más preocupante?

Gramática

1 Verbos de pensamiento + indicativo/subjuntivo

- Los verbos *pensar, creer* y *parecer* se construyen con *que* + **indicativo** cuando son **afirmativos**:

  Pienso que podemos cuidar más el planeta.

  *Creo que la Tierra **está** en peligro.*

  Me parece que hay demasiadas catástrofes.

- Estos verbos se construyen con *que* + **subjuntivo** si van en forma **negativa**. En este caso, se usa el subjuntivo para **rebatir una opinión** expresada anteriormente o que se sobrentiende:

  *No creo que los Gobiernos **hagan** mucho más por solucionar el problema.*

  *No me parece que **tengamos** tanto tiempo como los gobernantes dicen.*

  *No pienso que **haya** ningún país completamente concienciado con este tema.*

> Fíjate:
> Si el verbo de la oración principal va en **imperativo negativo** o es **una pregunta**, se usa **indicativo** en la oración subordinada:
>
> *No **pienses** que me **voy** a olvidar de esto.*
>
> *¿No **crees** que se **están** agotando los recursos?*

- Otros verbos de pensamiento *(opinar, saber, imaginar, recordar, suponer...)* no se suelen usar en forma negativa si van en presente de indicativo porque sirven para expresar un pensamiento u opinión sin contraponerlos a ningún otro:

  *Opino que la solución **tiene** que ser global.*

> Fíjate:
> Para que el verbo subordinado vaya en subjuntivo, la negación tiene que estar en la oración principal:
>
> ***Creo** que **llegan** mañana./**Creo** que **no llegan** mañana.*
>
> ***No creo** que **lleguen** mañana.*

1.1 Elige la opción correcta.

1. Yo no creo que hoy **comemos/comamos** pronto. Todo está sin hacer.
2. Nunca pienses que no **puedes/puedas** hacerlo. Al menos, tienes que intentarlo.
3. Me parece que hoy **va/vaya** a hacer buen tiempo.
4. ¿No piensas que hoy **va/vaya** a llover?
5. Me parece que no me **habéis/hayáis** felicitado.
6. Imagino que ya **ha/haya** llegado todo el mundo.
7. No me parece que esta cuestión **es/sea** importante ahora, la verdad.
8. No creáis que este debate se **ha/haya** terminado.

1.2 Completa las frases dando tu opinión sobre los siguientes temas.

uso de bolsas de plástico | ola de calor | bosques | emisiones de CO_2 | cambio climático | inundaciones

1. Me parece que ....
2. No creo que ....
3. No pienso que ....
4. Opino que ....
5. Me imagino que ....
6. No me parece que ....

1.3 **En parejas** Lee las declaraciones de este político y reacciona expresando tu opinión. Utiliza las estructuras estudiadas.

Ejemplo: *Yo no creo en absoluto que sea una invención. Es más que evidente que se está produciendo: cada vez hay más huracanes, nevadas, inundaciones...*

1. La Tierra es importante sobre todo para el hombre.
2. Tenemos que continuar explotando nuestros recursos al máximo.
3. El consumo es necesario para mantener nuestra economía.
4. Es inevitable contaminar si queremos que el progreso siga adelante.
5. No hay tantos animales en peligro de extinción como dicen.

1.4 [15] **¿Qué crees que tienen en común estos dos animales? Escucha la entrevista a Javier Díaz, experto biólogo, y comprueba tu respuesta.**

1.5 [15] Vuelve a escuchar la entrevista y escribe la opinión del biólogo sobre los siguientes temas.

1. Sobre la situación de los simios › ....
2. Sobre la caza y el comercio de animales › ....
3. Sobre la idea de llevar a estos animales a un zoo › ....
4. Sobre el ecoturismo › ....

1.6 **Todo el grupo** ¿Y tú? ¿Qué opinas de los zoos? ¿Estás a favor o en contra? Utiliza las palabras propuestas para elaborar tus argumentos.

Argumentos en contra

- espectáculo
- cautividad
- animales salvajes
- hábitat
- tráfico ilegal
- maltrato

Argumentos a favor

- educación
- investigación
- conservación
- especies en peligro
- rescate
- longevidad

2 Construcciones para expresar juicios de valor

- Para **valorar un hecho** de manera **general** usamos estas estructuras:
  - *(No) Es/Me parece* + adjetivo/sustantivo **valorativo** + **infinitivo**
    Es/Me parece importante ser respetuoso con la naturaleza.
    Es/Me parece un peligro no tomar medidas medioambientales a tiempo.
  - *Está/Me parece* + *bien/mal* + **infinitivo**
    Está/Me parece bien reciclar la basura.
- Para **valorar un hecho personalizando** usamos estas estructuras:
  - *(No) Es/Me parece* + adjetivo/sustantivo **valorativo** + *que* + **subjuntivo**
    Es/Me parece bueno que se tomen medidas para frenar el cambio climático.
    Es/Me parece un horror que se usen tantos envases de plástico.
  - *Está/Me parece* + *bien/mal* + *que* + **subjuntivo**
    Está/Me parece bien que busquemos energías alternativas.

Gramaticalmente, hay un cambio de sujeto que obliga al uso del subjuntivo, como ya has visto en otros casos.

> Fíjate:
> ***Ser*** se construye con los adjetivos ***bueno/malo,*** y ***estar,*** con los adverbios ***bien/mal***:
> *Es malo desperdiciar el agua./Está mal desperdiciar el agua.*

- Algunos adjetivos y sustantivos **valorativos** son:

Adjetivos valorativos	
bueno/malo	justo
importante	sorprendente
increíble	intolerable
escandaloso	(...)

Sustantivos valorativos	
una vergüenza	una suerte
una pena	una tontería
un horror	un desastre
una buena/mala noticia	(...)

2.1 **En parejas** **El consumo de plástico está creando un gran problema en nuestros mares. Lee este artículo y complétalo con las palabras del recuadro. Luego compara tus resultados con los de tu compañero/a.**

humana | microplásticos | invaden | superficie | desconocen | degradación | toneladas

Las bolsas de plástico [1] .... los océanos. En su proceso de [2] .... se transforman en [3] .... que envenenan a los peces. Esto tiene consecuencias negativas aún desconocidas para la salud [4] ....

Se calcula que cada año se producen más de 300 millones de [5] .... de plástico en todo el mundo. Asia es el continente donde se produce la mayor cantidad de plástico, mientras que Estados Unidos, Japón y la Unión Europea son los mayores productores de desechos plásticos per cápita del mundo, según la ONU. En la [6] .... del mar se han detectado grandes extensiones de basura plástica, pero aún se [7] .... las cantidades que hay bajo el mar.

Fuente: https://news.un.org/es/story/2018/06/1435111

2.2 Varios participantes de un chat sobre medioambiente han leído el artículo y han opinado sobre este problema. Completa sus comentarios usando el infinitivo o el subjuntivo, según corresponda, y después escribe tú una entrada.

1. **Álvaro**

Es importante .... (concienciarse) de la necesidad de cambiar nuestros hábitos de consumo y dejar de comprar productos envasados en plástico.

2. **Nuria**

Es una pena que los Gobiernos no .... (invertir) más en investigar qué dimensión tiene el problema y que no .... (elaborar) leyes que limiten el consumo de plástico.

3. **Esteban**

Me parece estupendo que se .... (prohibir) el uso de microplásticos en cosméticos y pastas de dientes.

4. **Diana**

Está muy bien que la gente no .... (utilizar) nunca más bolsas de plástico de un solo uso.

5. ....

....

....

2.3 **Todo el grupo** ¿Qué comentario del chat te parece más interesante? ¿Qué otras cosas podemos hacer para evitar este problema?

3 Expresar certeza

- Cuando queremos dar nuestra opinión expresando **certeza** usamos las siguientes estructuras:

  – *Es cierto/obvio/verdad/evidente/indiscutible...*
  – *Está visto/demostrado/claro...*
  + *que* + **indicativo**

  Es obvio que la acción del hombre está afectando a la naturaleza.
  Está claro que no estamos respetando el planeta.

- Estas estructuras se construyen con **subjuntivo** cuando van **en forma negativa**. En este caso, generalmente se usan para contradecir una opinión anterior o sobrentendida:

  Bueno, bueno, no está tan claro que no respetemos el planeta; depende de los países y de las personas. No todos somos iguales.

3.1 **En parejas** ¿Qué ha pasado? Comenta las siguientes imágenes utilizando las estructuras de certeza que has estudiado.

Practica en contexto

Fíjate:
La economía sostenible desarrolla actividades que, de forma conjunta, son económicamente rentables y ambiental y socialmente sostenibles, haciendo un uso racional de los recursos naturales y favoreciendo un empleo de calidad. El fin último es satisfacer las necesidades de las generaciones presentes, pero sin poner en peligro las posibilidades de las generaciones futuras.

1 **En parejas** Lee el siguiente titular. ¿Qué crees que está pasando en la localidad de Villar de Arriba?

La economía sostenible salva a los vecinos de Villar

1.1 **En parejas** Lee el texto y comprueba si tu idea inicial es correcta. Después completa el mapa con las palabras en negrita.

La economía sostenible salva a los vecinos de Villar

Villar de Arriba era un pueblo abandonado, a punto de desaparecer. Pero su alcaldesa, Lara García, ha decidido ofrecer una serie de ventajas económicas a aquellos empresarios que instalen negocios en el pueblo. La principal condición es crear modelos de empresa sostenibles en armonía con el entorno. Entre las ventajas está el no pagar impuestos durante los primeros años y la posibilidad de comprar o alquilar locales y terrenos a la mitad del precio habitual.

Otra condición importante que hay que cumplir es que los empleados contratados sean residentes de la zona. Han llegado muchos proyectos a la oficina del Ayuntamiento y ahora es el momento de decidir cuáles son más convenientes y viables. Villar cuenta con cien habitantes y está situado a los pies de una **montaña**. En sus inmediaciones hay un **bosque de pinos** y también un **arroyo** y un pequeño **lago** que abastecen de agua al pueblo. También hay varios campos de **viñedos** que actualmente no se están explotando por falta de personal.

E. M.

Introducir una opinión

- *Para* + pronombre personal *(mí, ti, él, ella...)*/ nombre propio...
  Para mí/Pedro es importante que las empresas no sean contaminantes.
- A mí/Pedro... me/le... parece que...
  A mí/Pedro me/le parece importante que las empresas no sean contaminantes.
- *Según* + pronombre personal *(tú, él, ella...)*/ nombre propio/*mi idea/tu criterio/lo que ha dicho...*
  Según lo que ha dicho el portavoz, no es verdad que todos los empleados tengan que ser del pueblo.
- En mi/tu/su opinión...
  En su opinión, no vale la pena realizar ningún cambio.
- Desde mi/tu/su punto de vista...
  Desde mi punto de vista, es bueno intentar recuperar la actividad en esta zona.

1.2 Vuelve a leer el texto y subraya las condiciones que pone el Ayuntamiento a las nuevas empresas y las ventajas que ofrece.

1.3 **Todo el grupo** Mira el plano, valora el entorno y los recursos y comenta con tus compañeros qué tipo de empresas o negocios pueden ser interesantes para Villar teniendo en cuenta las condiciones que pone el Ayuntamiento.

1.4 **En parejas** Estos son los proyectos que han llegado al Ayuntamiento de Villar. Léelos y comenta con tu compañero/a el impacto que pueden tener en la zona. ¿Cuáles crees que no son buenos para el pueblo?

Empresa Todos Jugamos

Producto: Zona recreativa.

Descripción: La empresa quiere crear un centro recreativo junto al lago con un parque de atracciones y un casino.

Empleados necesarios: 100.

Instalaciones: Es necesario construir un nuevo recinto con distintas instalaciones. (La actividad puede crear riqueza indirecta, turismo, restaurantes...).

Empresa Divernáutica

Producto: Ocio.

Descripción: La empresa quiere explotar el lago con paseos en lanchas motoras, vela y otras actividades acuáticas, como la pesca.

Empleados necesarios: 7.

Instalaciones: Inicialmente solo es necesaria una pequeña caseta de información y un almacén para guardar el material.

Empresa Mil Olivas

Producto: Aceite de oliva.

Descripción: La empresa quiere comprar un terreno cerca del pueblo para plantar olivos y producir aceite.

Empleados necesarios: 5.

Instalaciones: Inicialmente no haría falta construir, ya que los olivos necesitan una media de 5 años para dar sus primeras aceitunas.

Empresa Ruralmenty

Producto: Hotel.

Descripción: La empresa quiere comprar una casa grande en el pueblo para hacer un alojamiento rural.

Empleados necesarios: 5.

Instalaciones: No es necesario construir, solo reformar una de las casas del pueblo.

Empresa Viñas Martín

Producto: Vino.

Descripción: La empresa quiere comprar varios viñedos para producir vino local.

Empleados necesarios: 10, con posibilidad de ampliar.

Instalaciones: Es necesario construir una bodega para la elaboración del vino.

Empresa Comebién

Producto: Alimentación.

Descripción: La empresa quiere comprar una casa para montar un bar-restaurante con una tienda de productos de la zona (vino, queso, carne...).

Empleados necesarios: 5.

Instalaciones: Inicialmente no es necesario construir, solo reformar.

1.5 **En grupos pequeños** Elegid uno de los proyectos y preparad su defensa. Utilizad para ello las estructuras gramaticales que habéis estudiado. Tomad notas de las aportaciones de todos los miembros del grupo para preparar una presentación.

Ejemplo: *Es evidente que este proyecto dará trabajo a muchas personas, pero no me parece bien que la empresa explote el lago con actividades que necesiten lanchas motoras... Creo que debemos utilizar barcos de vela, así el proyecto será más sostenible.*

Expresar acuerdo o desacuerdo con una opinión

- Habitualmente se utilizan las siguientes expresiones con el verbo *estar* para dejar clara **nuestra posición** concreta frente a una opinión:
  - (No) Estar de acuerdo con...
    Estoy de acuerdo con lo que dices. Tienes toda la razón.
  - (No) Estar a favor de...
    Yo no estoy a favor de esa propuesta. Me parece un error.
  - (No) Estar en contra de...
    Estamos en contra de todo lo dicho hasta ahora, estáis completamente equivocados.
- Para expresar **acuerdo parcial** con una opinión se utilizan estas expresiones:
  - No estoy totalmente de acuerdo con...
  - Estoy de acuerdo en parte, pero...
  - Estoy a favor, pero...

1.6 **Todo el grupo** Ha llegado la hora de elegir las tres empresas que se instalarán en Villar. Presentad vuestros proyectos al resto de la clase y entablad un debate para elegir los tres más convenientes.

2

[16] Rosa y Marcos tienen una tienda de compraventa de ropa de segunda mano. Un periodista les ha hecho una entrevista. Escucha y marca qué palabras dicen de las que aparecen a continuación.

☐ calidad	☐ gran superficie	☐ moda
☐ intercambio	☐ crisis	☐ coste
☐ precio	☐ prenda	☐ pequeña
☐ artículos	☐ concienciación	☐ sostenible
☐ transformarse	☐ convertirse	☐ fábrica

2.1 [16] En la entrevista, se habla de cuatro factores que están influyendo en la popularidad creciente de la ropa de segunda mano. Vuelve a escuchar y resume cada factor en una frase.

Factor 1: *La crisis económica...*

Factor 2: ....

Factor 3: ....

Factor 4: ....

2.2 **En grupos pequeños** ¿Qué sabes del movimiento *hippie*? Busca información en internet y contesta a las siguientes preguntas.

1. ¿Cuándo nace el movimiento *hippie*?
2. ¿Qué buscaba este movimiento?
3. ¿Cuál era su símbolo? ¿Y alguno de sus lemas?
4. ¿Cómo iban vestidos los *hippies*?
5. ¿Qué opinas de este movimiento? ¿Piensas que fue importante?

2.3 Según tus investigaciones anteriores, ¿qué relación crees que hay entre la ropa de segunda mano y el movimiento *hippie*? Lee el artículo y comprueba tu respuesta.

RAE

De Londres a Glòries, vía Ibiza

La idea de vender ropa de segunda mano como la entendemos hoy tiene más de un cuarto de siglo. A finales de los años sesenta los tenderetes de ropa usada empezaron a aparecer como setas en muchas ciudades europeas, pero especialmente en tres focos muy concretos: el interminable mercado de Portobello en Londres, el barrio de Beaubourg-Les Halles de París y las calles entre canales y junto a otros escaparates en Ámsterdam. Vestir de segunda mano era barato, pero sobre todo significaba rebeldía, originalidad y distinción respecto a los demás. A principios de los setenta, Ibiza (España) se convirtió en el paraíso del *hippismo*, una especie de centro de reunión de los jóvenes de Europa en busca de nuevas experiencias. La implantación de la venta de ropa de segunda mano no tardaría en desarrollarse. El ejemplo cundió casi inmediatamente en las playas de la costa mediterránea, como Sitges, y muy especialmente en Barcelona, donde, en 1973, un joven argentino llamado Quirós, interesado en la moda, montó un puesto de ropa de segunda mano en el mercado de los Encants de las Glòries de Barcelona que todavía hoy existe.

Mercado de los Encants de las Glòries de Barcelona

Extraído de *La Vanguardia*, "De Londres a Glòries, vía Ibiza".
Incluido en el CREA (Corpus de Referencia del Español Actual)

2.4 **Todo el grupo** ¿Vas a los mercados o tiendas de segunda mano? ¿En tu ciudad hay alguno? ¿Qué tipo de gente va a comprar allí? ¿Tú consumes ropa u objetos de segunda mano? ¿Por qué?

3 **Todo el grupo** Responde a las siguientes preguntas y coméntalas con tus compañeros.

1. ¿Con qué frecuencia vas de compras?
2. ¿Qué tipo de productos compras normalmente?
3. ¿Crees que necesitas todo lo que compras?
4. ¿Tienes en tu armario prendas de vestir que no te pones?
5. ¿Prefieres comprar menos ropa, pero de calidad, o te gusta cambiar a menudo y comprar más aunque la ropa sea peor?

3.1 **En grupos pequeños** La bloguera Sara Garrido ofrece algunos datos interesantes sobre el consumo de ropa. Lee el texto y valora lo que dice; utiliza para ello las construcciones para expresar juicios de valor y posiciónate a favor o en contra de su opinión.

www.elblogdesarag.com

Tenemos demasiada ropa

¿Sabías que...

- solo usamos el 20 % de toda la ropa que tenemos?
- compramos mucha más ropa que antes, cuando no existían las tiendas de bajo coste?
- el 80 % de nuestras prendas se queda en el armario porque siempre hay algo que nos gusta más?
- la industria textil es una de las más contaminantes del planeta?
- las prendas de bajo coste son confeccionadas en el tercer mundo, donde los trabajadores hacen jornadas de 16 horas por dos dólares en condiciones infrahumanas?

Paraísos en PELIGRO

Río Amazonas a su paso por Iquitos (Perú)

Mariposas monarca en Michoacán (México)

Glaciar Perito Moreno en la Patagonia argentina

1 **En parejas** ¿Sabes por qué razón estos lugares se encuentran en peligro? Coméntalo con tu compañero/a.

2 **En parejas** Lee el texto y comprueba tus respuestas.

Patagonia: el Perito Moreno se derrite

La Patagonia es uno de los parajes de América Latina que están literalmente desapareciendo como consecuencia del aumento de temperatura de nuestro planeta y de las emisiones de gases de efecto invernadero. Su masa de hielo está sufriendo los efectos del cambio climático y la velocidad a la que se derrite es alarmante. Decenas de glaciares han desaparecido y el noventa por ciento de su extensión se ha visto afectada por el calentamiento. Uno de sus glaciares más conocidos, el Perito Moreno, también está en peligro.

Amazonas: el pulmón del planeta

La excesiva tala de árboles por parte de las industrias está destruyendo una zona que está considerada el pulmón de la Tierra. Sus árboles renuevan el aire que respiramos, por lo que esta tala indiscriminada supone una amenaza no solo para las especies que lo habitan, sino también para el hombre. El río Amazonas, que atraviesa tres países (Perú, Colombia y Brasil), contiene las dos terceras partes del agua dulce que hay en el planeta. A la amenaza de la tala se suma la contaminación por prácticas industriales irregulares, así como el turismo incontrolado.

Michoacán (México) se llena de mariposas

La mariposa monarca, con un llamativo color naranja, viaja miles de kilómetros desde los bosques de Canadá y Estados Unidos hasta el estado mexicano de Michoacán. En los bosques de oyamel, una especie de abeto de las montañas del país, se agrupan cada año las mariposas. La Unesco ha declarado esta zona Reserva de la Biosfera para protegerla, aunque el espacio se ve amenazado por la agricultura y la deforestación.

3 **En grupos pequeños** ¿Qué paraísos naturales hay cerca de ti? ¿Están amenazados por algún tipo de peligro? Busca con tus compañeros información sobre lugares naturales amenazados por el cambio climático. Ilustra el tema con fotografías o imágenes.

4 **Todo el grupo** Presenta tu trabajo a la clase. ¿Qué paraje de los presentados está más amenazado? ¿Se está haciendo algo por solucionarlo?

Fuentes: http://www.jamesnava.com/26/06/2009/paraisos-naturales-en-peligro-de-extincion-i/ y https://elpais.com/elpais/2014/11/13/ciencia/1415859395_334557.html

Vídeo

Cartelera DE CINE

Las 13 rosas

Sinopsis

El 1 de abril de 1939 termina la guerra civil española. Muchos republicanos huyen del país, pero otros no pueden o no quieren, como las jóvenes protagonistas de esta historia real.

Cuando Franco sube al poder, promete que solamente serán castigados quienes tengan las manos manchadas de sangre. Y ninguna de esas jóvenes las tiene. Como Carmen, por ejemplo, de 16 años, que pertenecía a las Juventudes Socialistas, pero que nunca tuvo un arma. Ni su amiga Virtudes, que servía en casa de una familia rica y que pasó la guerra dando de comer a ancianos y a niños.

Las detuvieron al mes de acabar la guerra. Sufrieron duros interrogatorios policiales y, finalmente, fueron trasladadas a la cárcel de Ventas, donde había miles de mujeres. A las trece detenidas, a quienes sus compañeras bautizaron como "las menores" por su corta edad, las acusaron de ayudar a la rebelión y de haber planeado un atentado contra el dictador; un atentado que nunca se cometió, pero que sirvió de excusa para su ejecución.

Madrid durante la Guerra Civil

Antes de la secuencia

1 **En parejas** ¿Qué sabes ya de la guerra civil española? ¿Qué bandos pelearon? ¿Cuánto tiempo duró? ¿Qué pasó después? Busca información en internet y haz un breve resumen de este triste episodio de la historia de España.

Durante la secuencia

Desde el principio de la película hasta esta secuencia, se hace una presentación de las diferentes protagonistas y se muestra la rutina diaria en Madrid, una ciudad que acaba de ser ocupada por los nacionales. Con esta victoria, Franco ha ganado la guerra.

2 **Visiona el fragmento** 00:01 ▶ 01:30 **y contesta a estas preguntas.**

1. ¿Dónde están Blanca y su familia? ....
2. ¿Qué están haciendo? ....
3. ¿Por qué crees que tienen tanto dinero? ....

....

2.1 Ahora lee este resumen para comprobar tus respuestas anteriores.

Blanca Brisac es una de las "trece rosas". Católica, votante de la derecha y madre de un hijo. Con el dinero ahorrado antes de la guerra, ella y su marido deciden ayudar a Juan, músico, militante comunista y compañero de orquesta de su marido.

3 **En parejas** Lee el diálogo y completa los espacios en blanco con las palabras del recuadro.

no vuelvas más	¿Qué haces aquí?	en la cabeza	que te quedes	mala hora	somos amigos	Hasta

Blanca: Buenas tardes, ¿está Juan?

Cuñada: No, no, no, lo siento, no... No sabemos nada de él.

Blanca: No se preocupe, [1] .... Soy Blanca, la mujer de Enrique García.

Suegra: ¿No lo ha oído? *(A la cuñada)* ¡Cierra!

Juan: ¡Espera! Pasa, Blanca. Mi suegra y mi cuñada Manuela... [2] ....

Blanca: *(Le da un sobre con dinero)* Es todo lo que podemos darte.

Juan: Está bien.

Blanca: ¿Dónde vas a estar? Enrique dice que es peligroso [3] .... aquí.

Suegra: ¡Es peligroso! [4] .... tus amigos lo dicen.

Juan: No se preocupe que en cuanto pueda me iré, pero usted no me puede echar. ¡Este también es mi piso, de mi mujer!

Suegra: ¡En [5] .... os conocisteis! Tú le metiste todas esas ideas [6] ....

Cuñada: ¡Te tienes que ir!

Suegra: *(Blanca y Juan abren la puerta y salen)* Sí, ¡vete! ¡Vete con tus amigos bolcheviques! ¡Vete y [7] ....!

Blanca: Adiós.

3.1 **En parejas** Visiona el fragmento 01:31 ▶ 03:10 y comprueba tu respuesta anterior.

4 **En parejas** Visiona el fragmento 03:11 ▶ final y contesta a estas preguntas. Luego compara tu respuesta con tu compañero/a.

1. ¿Qué último favor le pide Juan a Blanca?

   ....

   ....

2. ¿Cómo reacciona Blanca?

   ....

   ....

3. ¿Por qué dice Juan "Quién puede pensar ahora en la música"?

   ....

   ....

4. ¿Qué consejo le da Juan a Blanca para continuar la vida con su marido?

   ....

   ....

Después de la secuencia

5 **Todo el grupo** Blanca Brisac fue fusilada tras la guerra por este episodio que acabas de ver. ¿Has hecho alguna vez algo bueno por alguien que haya tenido consecuencias negativas en tu vida? Cuéntaselo a tus compañeros.

6 **Todo el grupo** ¿Tu país ha pasado alguna vez por una guerra civil? ¿Crees que las consecuencias de una guerra civil son aún peores que las de otro tipo de guerra? ¿Por qué?

Evaluación

1 Escribe a qué palabra se refiere cada definición.

1. Pérdida de árboles y vegetación en un espacio. ....
2. Impacto que causa el hombre en la naturaleza. ....
3. Fenómeno que se produce como consecuencia de lluvias intensas. ....
4. Parte de un producto que no se utiliza y se tira. ....
5. Combustible fósil que emite CO_2. ....

2 Relaciona las expresiones con la imagen a la que se refieren.

a. agricultura intensiva | **b.** contaminación por microplásticos | **c.** tala
d. animales en peligro de extinción | **e.** energías renovables | **f.** gases de efecto invernadero

1 ☐

2 ☐

3 ☐

4 ☐

5 ☐

6 ☐

3 Define con tus palabras qué entiendes por *sostenibilidad*.

....
....
....

4 Expresa una opinión en forma negativa sobre los siguientes temas.

1. El medioambiente › *Yo no creo que* ....
2. Los animales › ....
3. El plástico en el mar › ....
4. El consumo › ....
5. Las energías tradicionales › ....

5 Completa las frases con las expresiones del recuadro.

a favor | bien | horror | increíble | muy positivo

1. Me parece un .... que destruyamos el hábitat de los animales para el beneficio del hombre.
2. Es .... que algunos países prohíban el uso de bolsas de plástico.
3. Está .... que cada vez haya más empresas sostenibles.
4. Es .... que muchas personas piensen que no existe cambio climático.
5. Estoy .... del consumo responsable. Gastamos más de lo que necesitamos.

6 ¿Indicativo o subjuntivo? Observa las estructuras y elige la forma correcta.

1. Creo que el ecoturismo **puede/pueda** ser una alternativa perfecta.
2. No pienso que los zoológicos **son/sean** la única solución para proteger a los animales del peligro de extinción.
3. Me parece razonable que se **frena/frene** la tala de árboles en el Amazonas.
4. Es importante que se **reducen/reduzcan** las emisiones de gases de efecto invernadero.
5. Es verdad que la gente **recicla/recicle** la basura.

7 Dos amigos debaten sobre sus compras. Completa la conversación. Puede haber varias soluciones en algunos casos.

Ana: ¿Tienes diez pares de zapatos? ¿No te parece exagerado?
Pedro: No, no [1] .... que [2] .... exagerado. Es lo normal hoy en día.
Ana: No estoy de [3] .... contigo. No necesitas tantos. Me parece que con la mitad [4] .... suficiente.
Pedro: Pues no entiendo por qué... Yo pienso que [5] .... positivo que la gente [6] ...., así la economía se activa y se crea riqueza.
Ana: Comprar no es positivo si lo que compras es innecesario. Piensa que todas nuestras acciones [7] .... un impacto en la naturaleza.
Pedro: Es evidente que [8] .... recursos suficientes. ¡No se van a terminar mañana!
Ana: Para nosotros sí hay recursos, pero ¿qué pasará con las próximas generaciones?
Pedro: Pues, es [9] .... lo que dices... Visto así, tienes toda la razón.

8 Escribe brevemente tu opinión sobre el consumo innecesario. Procura utilizar las estructuras que has aprendido para expresar lo que piensas sobre el tema.

....

....

9 Reflexiona sobre la unidad y valora tu aprendizaje.

	Sí	Un poco	No
1. Puedo hacer referencia a diferentes aspectos relacionados con el medioambiente.	☐	☐	☐
2. Puedo hablar brevemente sobre la economía sostenible y dar mi opinión.	☐	☐	☐
3. Puedo valorar cuestiones relacionadas con el consumo responsable dando mi opinión.	☐	☐	☐
4. Puedo hablar brevemente de algún espacio natural de Hispanoamérica amenazado por el cambio climático.	☐	☐	☐

Unidad

5 Para siempre

¿Qué te sugiere la imagen principal y el título de la unidad?

Fíjate en las personas de las fotos pequeñas; ¿cómo crees que se sienten?

¿Sabes dónde están y a qué estilo arquitectónico pertenecen los edificios de la derecha?

En esta unidad vas a. . .

- Hablar de las relaciones personales
- Expresar gustos, intereses, sentimientos, emociones y estados de ánimo
- Describir personas: carácter y personalidad
- Mostrar empatía
- Conocer el modernismo arquitectónico de Barcelona

¿Qué sabes?

1 **¿Crees que la cara es el espejo del alma? ¿Que es posible conocer la personalidad de alguien a través de sus rasgos? Lee el texto y subraya los adjetivos que sirven para describir el carácter y la personalidad.**

Lo que tu cara dice de ti

¿Eres una persona extravertida[1] o, por el contrario, introvertida? Para saberlo, solo tienes que ponerte frente al espejo; conocer bien tu rostro te ayudará a descubrir cómo es realmente tu personalidad.

Para empezar, es fundamental saber qué forma tiene tu cara. Si es redonda, seguramente eres una persona responsable y valiente, con mucha iniciativa. Las personas con la cara ovalada son soñadoras y creativas, suelen dedicarse al arte. En cambio, una cara cuadrada indica que eres optimista y paciente.

Los ojos dicen mucho de ti, pues a través de ellos expresas un sinfín de emociones. Si son pequeños, eres alguien trabajador e inteligente, mientras que los ojos más grandes son de personas sinceras, pero algo inmaduras. Los ojos que tienen forma almendrada indican una personalidad sensible y fiel, los tristes nos hablan de personas honestas e inseguras. Por otra parte, si los tienes hundidos, significa que eres inteligente e introvertido.

También la nariz muestra aspectos de tu personalidad. Cuando es pequeña, denota que eres una persona positiva, mientras que si es grande te convierte en orgulloso, a veces incluso un poco creído.

Por último, está la boca. Unos labios delgados muestran tu carácter seguro y decidido; si son gruesos, en cambio, serás una persona habladora y extravertida.

[1] En el lenguaje coloquial es más frecuente el uso de *extrovertido/a*.

Adaptado de http://www.teinteresa.es/ciencia/Descubre-personalidad-rasgos-cara_0_851315728.html

1.1 **En parejas** ¿Conoces los contrarios de los adjetivos que has subrayado? Anota los que sepas y busca en el diccionario los que no.

Ejemplo: *valiente ≠ cobarde*

....

....

....

1.2 Completa las frases con los adjetivos adecuados según la definición.

1. Cuando das u ofreces lo que tienes, significa que eres ....
2. Alguien que es agradable y suele gustar a la gente es alguien ....
3. Cuando alguien se relaciona fácilmente, decimos que es ....
4. Una persona que se ríe poco y no hace bromas suele parecernos ....
5. Alguien que toma precauciones y actúa con cuidado es ....

1.3 **En parejas** De acuerdo con lo que has leído, ¿qué personalidad tiene tu compañero/a? ¿Estás de acuerdo con lo que dicen tus rasgos de ti?

1.4 **Todo el grupo** ¿Crees que el aspecto exterior de una persona puede influirnos a la hora de juzgarla? ¿En qué sentido?

2 **Todo el grupo** ¿Una persona puede ser alegre, pero estar triste? Justifica tu respuesta con un ejemplo.

2.1 **En parejas** Independientemente del carácter que tengamos, todos podemos pasar por diferentes estados de ánimo a lo largo del día. Fíjate en las imágenes; ¿qué les pasa a estas personas?

1. ....

2. ....

3. ....

4. ....

5. ....

2.2 **En parejas** ¿Qué otros estados de ánimo puedes expresar en español? Comparte lo que sabes con tu compañero/a. ¿Cómo estás tú ahora?

3 **En parejas** Hay situaciones que nos producen sentimientos o sensaciones que influyen en nuestro estado de ánimo. Fíjate en las imágenes y completa los diálogos expresando un sentimiento según la situación. Utiliza los verbos del recuadro en la forma adecuada.

dar miedo	gustar	molestar	alegrarse	dar igual	odiar	encantar

Sara, por favor, ya sabes que me .... mucho que entres cuando estoy trabajando.

▶ .... de que ya estés aquí.

▷ Y yo de verte.

¡Qué bien! Me .... que me traigáis el desayuno a la cama.

▶ Sabes que no me .... que dejes todo por en medio.

▷ Perdona, lo siento.

▶ Esta película me ....; quítala, por favor.

▷ No, que está muy bien.

▶ .... que no me digas la verdad.

▷ Me .... lo que pienses, ya no me importa.

4 **En grupos pequeños** ¿Cómo es tu mejor amigo/a? Cuéntales a tus compañeros cómo es su carácter, cuál suele ser su estado de ánimo, qué aficiones tiene, por qué lo/la consideras tu mejor amigo/a...

Palabras

> Recuerda:
> Para suavizar defectos o aspectos negativos de las personas es muy frecuente usar *un poco, un poquito* y el diminutivo *-ito/a*:
>
> *Me ha parecido un poco creído.*
>
> *Es calladita, pero muy maja cuando la conoces.*

1 [17] Ramón y Ana hablan de sus nuevos compañeros de clase. Escucha la conversación y escribe los adjetivos que usa cada uno para describirlos.

Linda	Raúl	Sara	David	Teresa

1.1 **En parejas** Lee estas definiciones y escribe los adjetivos de la actividad anterior donde corresponda. Luego compara con tu compañero/a.

1. Una persona se pone .... cuando pierde la calma.
2. .... es alguien prepotente, que se cree superior en algún aspecto.
3. Cuando una persona tiene poca paciencia, decimos que es ....
4. Si alguien es poco sociable, es .... Y, si además habla muy poco, es una persona ...., lo contrario de ....
5. Alguien es .... si sonríe, es agradable y tiene una actitud optimista.
6. Decimos que una persona es .... cuando no tiene buena actitud para trabajar.
7. Una persona .... es alguien que hace las cosas con cuidado y responsabilidad.
8. De alguien divertido, que cae bien a los demás, decimos que es ....
9. Alguien a quien le gusta relacionarse con los demás es una persona ....
10. Una persona es .... cuando trabaja mucho.

> Fíjate:
> La expresión ***pecar de*** indica una cualidad en principio positiva, pero que si se tiene en exceso resulta negativa:
>
> *Yo **peco de** sincero y eso a veces me da problemas con mis amigos.*

2 **En parejas** Lee el perfil que Sandra ha colgado en una red social y subraya los adjetivos que usa para describir su carácter y el tipo de personas que le gustan.

Sandra

Me llamo Sandra, tengo 21 años y soy estudiante de Ingeniería Industrial. Me considero una persona optimista e inquieta; bueno, realmente soy muy nerviosa; también pienso que soy bastante prudente, aunque a veces peco de seria. Mis amigos dicen que soy generosa y sincera. Espero que sea verdad... Me gusta la gente tranquila y alegre. No me gustan demasiado las personas pesimistas, tampoco la gente falsa o egoísta. Bueno..., creo que en realidad las personas así no le gustan a nadie. 😊

2.1 **En parejas** ¿Cómo es tu compañero/a? Escribe en tu cuaderno un perfil tomando como ejemplo el de Sandra. Luego lee lo que ha escrito tu compañero/a sobre ti. ¿Estás de acuerdo?

2.2 En el perfil de Sandra hay varios adjetivos antónimos. Escribe las cinco parejas que encuentres y añade tú una más.

1. .... ≠ ....
2. .... ≠ ....
3. .... ≠ ....
4. .... ≠ ....
5. .... ≠ ....
6. .... ≠ ....

2.3 **En parejas** Algunos antónimos de los adjetivos de carácter se forman añadiendo un prefijo. Otros son palabras diferentes. Completa la tabla y luego usa el diccionario para comprobar tu respuesta. Trabaja con tu compañero/a.

	IN-, IM-, I-	DES-	Otro antónimo
1. maduro/a			
2. confiado/a			
3. responsable			
4. trabajador/a			
5. seguro/a			
6. honesto/a			
7. agradecido/a			
8. sociable			
9. agradable			
10. paciente			
11. valiente			
12. creído/a			

RAE

COMUNICACIÓN

- En una gran parte de Hispanoamérica se usa chévere con el significado de 'estupendo', 'bonito', y qué mala onda con el significado de '¡qué pena siento!': *¡Qué **chévere** que viniste! ¿Qué te parece mi fiesta? Linda, ¿verdad? Supe lo que les pasó. **Qué mala onda**. Qué cosa más terrible.*
- En Colombia, Honduras, Cuba y República Dominicana bacano significa 'muy bueno', 'estupendo', 'excelente'. Se usa en el lenguaje juvenil: *Nueva York, ¡qué **bacano**!, habían dicho los compañeros de la universidad.*
- En México chido significa 'bonito', 'lindo', y padre, 'estupendo': *"Estás bien bonita", le dice Sara. "Y está bien **chido** el vestido y la bandita. ¿Es de tu trabajo?" Ay, qué **padre**. Debe ser bien interesante todo lo que haces.*

3 **En parejas** Las expresiones que tienes a continuación sirven para reaccionar ante una información. Relaciónalas con su diálogo correspondiente.

a. ¡Qué estrés! | **b.** ¡Qué aburrimiento! | **c.** ¡Qué alegría! | **d.** ¡Qué casualidad! | **e.** ¡Qué noticia! | **f.** ¡Qué desastre! | **g.** ¡Qué tontería! | **h.** ¡Qué susto!

1. ▶ Tengo que estudiarme cien páginas para el examen de mañana.
 ▷ ☐
2. ▶ Solo se rompió una pierna, pero el accidente fue terrible.
 ▷ ☐
3. ▶ Estábamos visitando el Taj Mahal y me encontré con mi profesora de español, ¡en la India!
 ▷ ☐
4. ▶ ¡Uf! Ha estado hablando cuatro horas sin parar.
 ▷ ☐
5. ▶ Hemos perdido todo el dinero en ese negocio.
 ▷ ☐
6. ▶ ¡Mira quién ha llegado! ¡Mamá!
 ▷ ☐
7. ▶ Nos van a subir a todos el sueldo, ¿lo sabías?
 ▷ ☐
8. ▶ No me habla porque me olvidé de felicitarlo por su cumpleaños.
 ▷ ☐ Seguro que no es por eso.

Gramática

1 Expresar gustos, intereses y preferencias

> Recuerda:
> Los verbos *gustar* e *interesar* se pueden graduar en intensidad con ***muchísimo***, ***mucho***, ***bastante***, ***no... demasiado***, ***no... mucho***, ***no... nada***; en cambio el verbo ***encantar*** expresa el grado máximo de intensidad, por lo que no se puede graduar. Se usa solo:
> ▶ *No me gustan **nada** las películas de terror, lo paso fatal.*
> ▷ *Uy, pues a mí me gustan **muchísimo**, ¡me encantan!*

- Recuerda que los verbos ***gustar***, ***encantar*** e ***interesar*** se construyen casi siempre en tercera persona, acompañados de los pronombres de objeto indirecto. Esta construcción especial se conjuga en singular si a continuación hay un **sustantivo singular** y en plural si el **sustantivo** es **plural**:
  *Me **gusta/encanta/interesa este escritor**.*
  *Me **gustan/encantan/interesan las novelas históricas**.*
  - Cuando esta construcción va seguida de un verbo, se usa el **infinitivo** si las acciones se refieren al mismo sujeto y ***que*** + **subjuntivo** si las acciones se refieren a sujetos diferentes:
    *Me **gusta/encanta/interesa trabajar** aquí.*
    *Me **gusta/encanta/interesa que vengas**.*
- El verbo ***preferir*** se construye como la mayoría de los verbos en español:
  ***Prefiero estos pantalones**, son más cómodos.*
  *Mi hermana **prefiere estudiar** en la biblioteca por el silencio.*
  *¿**Prefieres que nos veamos** en el centro?*

1.1 **En parejas** **Pregúntale a tu compañero/a qué dos cosas le gustan, qué dos actividades le interesa hacer y qué dos características le encantan de su mejor amigo/a.**

1. Le gusta/n › ....
2. Le gusta/n › ....

1. Le interesa › ....
2. Le interesa › ....

1. Le encanta › ....
2. Le encanta › ....

2 **En parejas** **Hay otros muchos verbos con la misma estructura que *gustar*. Lee el texto y subraya los que encuentres. Luego compara tus resultados con los de tu compañero/a y anota los que no tengas.**

www.adolescenteshoyendia.com

Lo que tu hijo adolescente te reprocha

A tu hijo adolescente le preocupa no ser valorado. Le importa mucho más de lo que crees tu opinión, aunque, quizá, le molesta más que no cuentes con la suya para los asuntos de casa y que no pueda participar en las dinámicas familiares de una manera más activa. A menudo no le consultamos porque creemos que no le importa nada lo que sucede en casa y luego nos sorprende que le enfaden esas decisiones que hemos tomado sin contar con él. El adolescente, recuérdalo siempre, necesita sentirse importante.
Aunque no lo pida, le agrada que sus padres se interesen por sus aficiones, que le pregunten por la música que escucha o las series que ve, pero sin hacer juicios de valor ni ridiculizarlo por sus gustos. Pocas cosas le indignan más que sentirse despreciado por ellos. Es importante que seas empático con él.
Por último, no olvides que al adolescente le aburren y fastidian tanto los sermones que no suele escucharlos; por eso, siempre es mejor transmitirle mensajes a través de historias reales, propias o ajenas, que entenderá mejor y que no percibirá como una reprimenda.

2.1 **En parejas** Con tu compañero/a, piensa en otras cuestiones que, en tu opinión, fastidian, agradan y preocupan a los adolescentes. Tomad notas.

2.2 **Todo el grupo** Compartid vuestras notas con el resto de la clase. ¿Estáis de acuerdo? ¿En qué no coincidís?

3 Locuciones verbales con *dar* y *poner* para expresar sentimientos y emociones

- Las locuciones ***dar*** + **sustantivo** *(miedo, pena, lástima, vergüenza, rabia, asco...)* y ***poner*** + **adjetivo** *(triste, contento/a, furioso/a, nervioso/a...)* también expresan **sentimientos y emociones** y se construyen igual que el verbo ***gustar***:

  *Me **dan miedo** las alturas.*
  *Me **da vergüenza** hablar en clase.*
  *¿Te **pone nerviosa** que venga Esteban?*
  *Me **ha puesto triste** leer tu mensaje.*

- Estas construcciones pueden ir seguidas de ***cuando*** o ***si*** en lugar de ***que***. En este caso, el verbo que introducen va en **indicativo.** Además, el verbo ***poner*** se hace **reflexivo**:

  *Nos da mucha lástima **cuando/si oímos** esas noticias.*
  *Mi perra **se pone** muy contenta **cuando/si** te **ve**.*

Fíjate:
Otras locuciones muy usadas con ***dar*** y ***poner*** son ***dar igual/lo mismo*** (para mostrar indiferencia) y ***poner de buen/mal humor***.

RAE

LÉXICO

- En Paraguay se usa hallarse con el significado de 'encontrarse en cierto estado emocional (triste, alegre...)' o 'no encontrarse a gusto en algún sitio o situación, estar molesto':

  *Desde que la providencia me dejó viudo, **no me hallo**.*

- En el español de América es más frecuente el uso de enojar(se) frente a enfadar(se), que se usa más en el español de España:

  *Será mejor que no hagamos **enojar** a tu papá.*

Fíjate en la frecuencia de uso del verbo ***enojar(se)*** por zonas lingüísticas:

Zona	Freq	Fnorm.[1]
México y Centroamérica	935	16.33
Río de la Plata	910	21.77
Chilena	294	16.57
Andina	177	7.57
España	137	1.32
Caribe continental	129	3.50
Antillas	65	3.06

[1] **Freq:** frecuencia conjunta (número total de ocurrencias obtenidas para la consulta realizada).

Fnorm.: frecuencia normalizada (número de ocurrencias de la consulta por cada millón de palabras de la categoría que le corresponde en la distribución).

3.1 Escucha la conversación de estos dos amigos y completa la información.

[18]

1. A los padres les da rabia que, a esa edad, ...
....
2. Les da miedo que ....
3. .... hablar con mis padres de algunos temas.
4. Les da pena ....
....
5. .... cuando .... que voy a estar allí sin la familia.
6. A mi madre le pone muy triste ....

3.2 **Todo el grupo** ¿Estás de acuerdo con Ricardo y Eva? ¿Qué otras cosas crees que molestan o preocupan a los padres de hijos adolescentes?

> ☞ Fíjate:
> Para expresar estados emocionales también se pueden usar los verbos ***sentirse*** o ***encontrarse***:
> *María **se siente/se encuentra** algo deprimida.*

4 Otros verbos que expresan sentimientos, emociones y estados de ánimo

- Además de los que has visto hasta ahora, hay otros verbos que expresan sentimientos y emociones en los que el sujeto es la persona que experimenta el sentimiento o la emoción, como ***soportar, sentir, temer, lamentar, odiar, aguantar*** o ***alegrarse***:

  *No **soporto** que haga tanto frío.*
  *Raquel **se alegra** de vernos.*
  ***Lamentamos** mucho esta situación.*
  ***Siento** que no lo comprendas.*

- Para expresar **estados de ánimo** se usa el verbo ***estar*** con las construcciones que ya conoces:

  Estoy contenta de ir.
  *Estoy contenta **cuando/si vienes**.*
  *Estoy contenta de **que vengas**.*

4.1 **En parejas** Escribe frases en tu cuaderno expresando qué sentimientos o emociones te producen estas situaciones.

1. Si un amigo te miente.
2. Si sacas una buena nota u obtienes un triunfo profesional.
3. Si ves un animal repugnante.
4. Si piensas en tu peor defecto.
5. Si te enteras de que alguien querido ha sufrido un accidente.
6. Si alguien se cuela en la cola del súper.

4.2 **En parejas** Forma frases relacionando las partes de las tres columnas. Hay varias opciones posibles. Luego compara el resultado con tu compañero/a.

1. Estamos encantados de		a. haber suspendido el examen.
2. Estoy triste		b. siempre hable mal de Jaime.
3. Alberto está deprimido		c. vengáis a nuestra fiesta.
4. Estamos hartos de	que	d. tu comportamiento infantil.
5. Estás aburrido de	por	e. se siente solo.
6. Estoy cansada de	porque	f. esperar tanto tiempo.
7. Usted está de mal humor	Ø	g. hace muy buen tiempo.
8. Estáis de buen humor		h. la entrevista de trabajo.
9. Paco está enfadado		i. el retraso del avión.
10. Estoy nerviosa		j. ha perdido su equipo de fútbol.

5 Oraciones de relativo con antecedente conocido y desconocido

- Recuerda que las oraciones de relativo sirven para unir frases que tienen un elemento en común (el **antecedente**) mediante los relativos. Los más habituales son el pronombre ***que*** y el adverbio ***donde***:

  Voy a hacer un intercambio con un chico. Es inglés. ›
  *Voy a hacer un intercambio con **un chico que** es inglés.*

- Cuando el antecedente es **conocido**, real, las oraciones de relativo se construyen con **indicativo**:

  ***La casa donde vivo** está bastante cerca.*

- Sin embargo, cuando el antecedente es **desconocido**, solo conocemos sus características, preguntamos por su existencia o la negamos, estas oraciones se construyen con **subjuntivo**:

  *Necesito **un libro que tenga** más ejercicios.*

  – Para preguntar y para responder negativamente se usan los pronombres indefinidos ***algo/nada, alguien/nadie***:

  ▶ *¿Conoce usted a **alguien que hable** bien japonés?*
  ▷ *Tengo un amigo que habla un poco de japonés, pero no conozco a **nadie que** lo **hable** bien.*

5.1 Completa las frases con el verbo en indicativo o en subjuntivo según corresponda.

1. Marta ha adoptado un perro muy pequeño que .... (caber) en un vaso.
2. Mi abuelo tiene una ferretería que .... (abrir) los sábados por la tarde.
3. En España casi no hay ríos donde se .... (poder) navegar.
4. ¿Todavía tienes el bolígrafo que .... (escribir) a cinco colores?
5. ¿Alguien tiene un cargador de móvil que .... (servir) para todas las marcas?
6. He comprado una aspiradora que no .... (hacer) mucho ruido.
7. No conozco a nadie que no .... (tener) móvil.
8. ¿No puedes cantar otra canción que no .... (ser) esa?
9. El español es una lengua que se .... (hablar) en muchos países.
10. No sé si hay robots que .... (saber) conducir.

5.2 **Todo el grupo** Fíjate bien en la imagen y responde a las preguntas usando los pronombres relativos.

Ejemplo: ▶ *¿Ves algo que sirva para limpiar?* ▷ *Sí, hay algo que sirve para limpiar: la escoba.*

1. ¿Hay alguien que lleve gafas de sol?
2. ¿Hay alguien que no tenga pelo?
3. ¿Ves a alguien que tenga una planta?
4. ¿Aparece algo que sirva para escribir o para hablar?
5. ¿Hay alguien que tenga menos de diez años?
6. ¿Ves a alguien que lleve ropa de color rosa?
7. ¿Hay alguien que tenga corbata?
8. ¿Aparece alguien que sea rubio?
9. ¿Ves a alguien que sepa cocinar?

5.3 **Todo el grupo** Lee los anuncios y averigua si alguien de la clase puede responder a alguno de ellos.

5.4 **Todo el grupo** Toma nota de los resultados.

Sí, hay gente que ....
....
....

No, no hay nadie que ....
....
....

Practica en contexto

1 **En parejas** ¿Conoces estas redes sociales? ¿Cómo se llaman? ¿Puedes explicar qué diferencia hay entre ellas? ¿Cuáles son más populares en este momento? ¿Cuáles usas tú?

1.1 [19] **En parejas** Ricardo se está registrando en una nueva red social. Escucha su conversación con Eva y, en el cuestionario que tienes a continuación, completa los datos que faltan y marca los adjetivos con los que Eva lo describe.

www.intercambios-estudiantes.com

Usuario	Ricardo		
Correo electrónico	.... correo.com		
Edad	18 años		
Tu personalidad: ¿Con cuáles de estos adjetivos te identificas más?	sincero | pesimista | alegre | introvertido | optimista nervioso | prudente | tranquilo | arrogante | inseguro extravertido | generoso | serio		
Tu carácter			
Tus gustos	Cosas que me gustan: - .... - .... -	Cosas que me gusta hacer: - .... - .... -	Me gusta que la gente... - .... - .... - ....

Fíjate:
Una persona puede tener *buen/mal* carácter o un carácter *fácil/difícil/fuerte/débil*.

1.2 [19] **En parejas** Escucha de nuevo y marca si las afirmaciones que hay a continuación son verdaderas o falsas.

1. Ricardo va a hacer en Valencia un curso de grabación de vídeo. .... V F
2. Ricardo se hace un perfil en la red porque busca información del curso. .... V F
3. En esa red encontró Eva el alojamiento cuando estuvo en Irlanda. .... V F
4. La red social donde se está registrando Ricardo se llama En Cambio. .... V F
5. Eva piensa que Ricardo es un chico muy nervioso. .... V F
6. A Ricardo le gustan las personas respetuosas con el medioambiente. .... V F

1.3 **En grupos pequeños** Completa el cuestionario con tus datos y luego compártelo con tus compañeros de grupo.

2 **Todo el grupo** Una vez que has creado el perfil en Intercambios, te hacen otro cuestionario para encontrar gente afín a ti. ¿A qué temas crees que hacen referencia las siguientes imágenes? Coméntalo con tus compañeros y escribe el tema en la primera línea de cada foto.

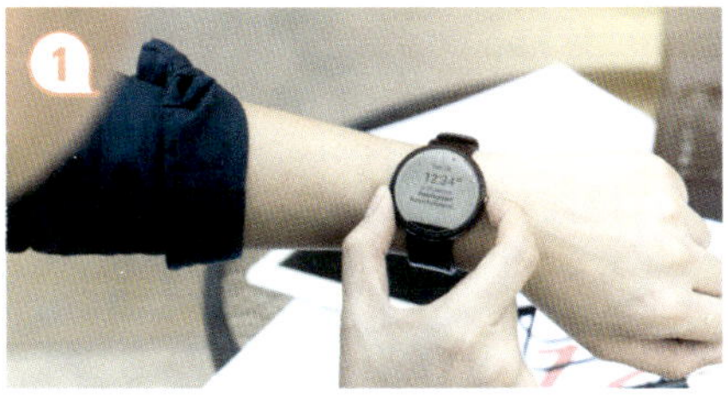

La impuntualidad
Le pone muy nervioso esperar.

....
....

....
....

....
....

....
....

....
....

....
....

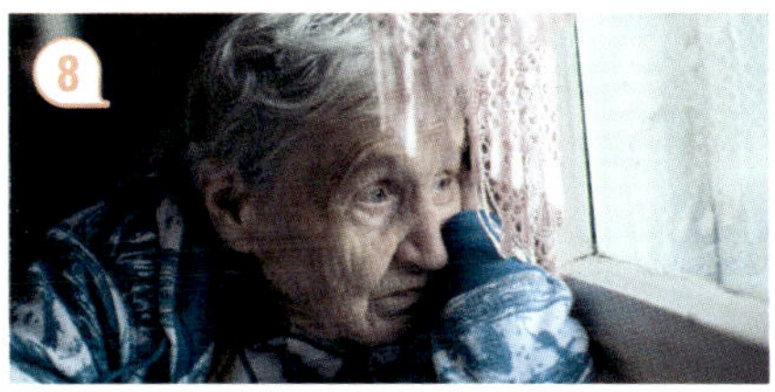

....
....

....
....

2.1 [20] **En parejas** Escucha lo que contesta Ricardo al cuestionario para comprobar tu respuesta. Después escucha de nuevo y escribe el sentimiento que le produce cada tema en la segunda línea de cada imagen.

2.2 **En parejas** ¿Coincides con Ricardo? Cuéntale a tu compañero/a los sentimientos que te producen a ti las situaciones de las imágenes. Argumenta tus respuestas.

2.3 **En parejas** Cambia de pareja y realiza el cuestionario a tu nuevo/a compañero/a. Toma notas.

¿Qué te pone nervioso/a?	¿Qué odias de la gente?
Te pones de buen humor si…	¿Qué te encanta hacer?
¿Qué no soportas?	¿Qué te pone triste?
¿Qué te fastidia?	¿Qué te da miedo?
¿Qué te preocupa del futuro?	

2.4 **Todo el grupo** Comparte la información que tienes con el resto de la clase. ¿A cuál de tus compañeros crees que te pareces más? ¿Por qué?

Mostrar empatía

- Para mostrar **empatía**, es decir, que entendemos y compartimos las emociones que expresan los demás, podemos usar:
  - **Ya, ya.**
  - **Tienes razón.**
  - **Sí, claro.**
  - **Sí, lo entiendo (perfectamente).**
  - **Entiendo que te enfades.**
  - **Siento verte/que estés así.**
- También puedes usar las expresiones para reaccionar que ya conoces:
  - **¡Qué alegría!, ¡Qué desastre!, ¡Qué susto!…**

3 **En parejas** Ricardo ha escrito un mensaje en Intercambios para encontrar amigos en Valencia y también habitación en un piso compartido, pero un error informático ha borrado algunas partes del texto. Léelo y coloca las partes que se han borrado donde corresponda.

a. pueda contarme qué tal es
b. mis compañeros de piso sean estudiantes
c. les gusten los animales
d. no esté lejos de la escuela
e. se encuentra por el centro y que se llama Videomax
f. con quien pueda practicar inglés
g. quiera conocer ya a algún compañero
h. esté cerca de alguna estación de metro

Fíjate:
Para evitar el sexismo en el lenguaje, se está extendiendo el uso de la @ (arroba) para referirse a una persona de cualquier sexo. Este recurso, cada vez más frecuente en redes sociales e internet, es coloquial y no es normativo, pues en español el masculino puede incluir el femenino.

www.intercambios-estudiantes.com

¡Hola, amig@s!
Muy pronto estaré en Valencia haciendo un curso de edición de vídeo en una escuela que [1] ...., y me pregunto si hay alguien que la conozca o que esté estudiando ahora allí y [2] ....; o, quién sabe, quizá algún estudiante que piense hacer el mismo curso este verano y [3] ....
Además, busco una habitación en un piso compartido. Un piso que sea céntrico, que [4] .... o que, al menos, [5] .... Prefiero que [6] ...., que tengan más o menos mi edad, que [7] ...., porque me llevaré a mi perro, y también el cine y los videojuegos. Y, si hay alguien que sea extranjero [8] ...., pues mucho mejor.
Un saludo a tod@s y espero vuestros mensajes.

3.1 **En parejas** Lee las respuestas que ha recibido Ricardo y decide con tu compañero/a qué opción es más compatible con él. Consulta los cuestionarios que hizo en las actividades anteriores para argumentar tu decisión.

Sofía

Somos tres estudiantes: un chico inglés, Paul, y Silvia y yo, que somos valencianas. Tenemos entre 21 y 23 años. Paul da clases de inglés y nosotras trabajamos en una pizzería los fines de semana. Nos encantan los animales. El piso no es muy céntrico, pero sí está cerca del metro. Espero que te interese.

Héctor

Yo busco un compañero de piso que no tenga más de 20 años. Soy estudiante de Periodismo y me encantan los videojuegos, el fútbol y montar en bici. Vivo muy cerca de la escuela donde vas a estudiar. El único problema es que, aunque me gustan los animales, los perros me dan un poco de miedo.

Beverly y Sam

Somos de EE. UU. y buscamos un compañero de piso que sea español para practicar. Tenemos 23 y 24 años y somos voluntarios en una ONG ecologista. Nos gustan los videojuegos y no nos importa que tengas un perro. El piso está en un pueblo, pero muy cerca de Valencia.

Lorena

Alquilamos una habitación en nuestra casa. Nuestro hijo tiene tu edad y, como a ti, también le encanta el cine y montar en bici. Vivimos muy cerca del centro y también tenemos un perro. Los fines de semana nos gusta hacer excursiones y, por supuesto, puedes venir con nosotros.

3.2 **Todo el grupo** Compartid vuestras conclusiones con el resto de la clase. ¿Habéis coincidido? Si no es así, justificad vuestras respuestas para llegar a un consenso.

Ejemplo: *Hay varias opciones, pero como a Ricardo le encantan especialmente los animales y le preocupa el medioambiente...*

Destacar un elemento del discurso

- **sobre todo/en concreto/en particular**
  Le gustan los animales, ***sobre todo*** *los perros.*
  Me refiero ***en concreto/en particular*** *a lo que dijiste anoche.*
- **especialmente/principalmente**
  Me encanta la música, ***especialmente*** *el jazz.*
- ***es importante*** + infinitivo
  Es importante *recordar lo que dijo sobre la contaminación.*

4 **En parejas** Spotahome, una página de internet dedicada al alquiler de casas y habitaciones, ha publicado el siguiente artículo, en el que habla del compañero de piso ideal. ¿Estás de acuerdo con lo que dice? Coméntalo con tu compañero/a.

www.spotahome.com

Spotahome

Hábitos, estilo de vida y en ocasiones hasta el tipo de música que nos gusta son suficientes para determinar si la convivencia será buena o no. Antes de elegir compañero de piso, haz una lista de las cosas que te gustan y las que no. De esta manera podrás tomar una decisión más objetiva. Para vivir con alguien no basta con conocerlo, también es necesario que sea una persona con la que te puedas comunicar y acordar el ambiente en el que quieras vivir.

Ser compañeros de piso no significa ser tolerantes con todo lo que el otro haga. Por eso una de las primeras cosas que debemos poner sobre la mesa son los límites: horarios, privacidad, respeto por el descanso del otro, etc.

Otro de los criterios para compartir piso con alguien es el tema de la limpieza. Dejar la ropa en su lugar, cambiar la bolsa de la basura, mantener limpio el frigorífico, quitar el polvo, limpiar el baño a menudo... Te recomiendo que sigas esta máxima: lo que para mí es limpio puede no ser suficiente para el otro.

Es básico tener la confianza y la seguridad de que regresarás a casa y encontrarás tus pertenencias en su lugar. No hay peor temor que llegar a la nevera y que no esté eso que habías guardado para cenar. Es simple: si estáis de acuerdo en compartir absolutamente todo, adelante; si no, hay que decirlo para evitar malentendidos.

Y nuestra mayor recomendación: cuenta hasta diez antes de entrar en crisis y salir corriendo. Una buena convivencia en casa siempre es cuestión de comunicación. Recuerda hablar de todo y tener una mentalidad abierta para comprender las discrepancias.

Adaptado de https://www.spotahome.com/es/blog/guia-para-el-roomie-perfecto

4.1 **En parejas** Revisa las actividades 2.3 y 2.4. ¿Con quién de tus compañeros te gustaría compartir piso? Poneos de acuerdo y, teniendo en cuenta el artículo que habéis leído, estableced vuestras propias normas de convivencia. ¿Sois compatibles?

Preguntar por preferencias

- ¿Qué es lo que más/menos te gusta de...?
- *¿Qué te interesa más?* + ¿Opción 1 + *o* + opción 2?
- ¿Cada cuánto tiempo prefieres...?

5 **Todo el grupo** ¿Alguna vez has viajado a otra ciudad o país para estudiar? Cuenta al resto de la clase cómo fue la experiencia y, si compartías alojamiento con compañeros, qué tal fue la relación con ellos, cómo los conociste, etc.

LUGARES CON MAGIA

1 **En parejas** Fíjate bien en la fotografía que está debajo y elige las afirmaciones correctas referidas a este monumento.

1. ☐ Se encuentra en Barcelona.
2. ☐ Empezaron a construirlo en 1950.
3. ☐ Es una obra del arquitecto Antoni Gaudí.
4. ☐ El edificio es una basílica católica.
5. ☐ 2026 es el año previsto para su finalización.
6. ☐ La obra se terminó en el año 2000.
7. ☐ Se trata de la principal obra del modernismo catalán.
8. ☐ El nombre del edificio es Sagrada Familia.
9. ☐ El edificio se encuentra en Granada.
10. ☐ Es uno de los monumentos más visitados de España.

2 **Lee el texto y comprueba tus respuestas anteriores. Después relaciona las imágenes con los edificios indicados.**

La arquitectura modernista surgió a finales del siglo XIX y representa la transición del estilo historicista de ese siglo hacia la modernidad del nuevo, de ahí su nombre, *modernismo*, que expresa la idea de innovación y futuro.

El modernismo catalán es el más notable de España y uno de los más importantes del mundo. La característica más interesante del modernismo catalán es el rechazo a la simetría clásica y el gusto por las formas onduladas e irregulares, que expresan vitalidad y optimismo.

Otro aspecto muy atractivo de los edificios modernistas es que el diseño y la integración de todas las artes cobran una gran importancia; se cuidan, así, todos los detalles de la decoración, como el mobiliario, y no solo aspectos arquitectónicos.

1 ....

2 ....

3 ....

4 ....

Sin duda, la obra más importante del modernismo catalán y uno de los monumentos más visitados de España es la basílica de la Sagrada Familia en Barcelona, obra de Antoni Gaudí, que se empezó a construir en 1882 y que todavía no está terminada.

El Palau de la Música, del arquitecto Domènech i Montaner, fue inaugurado en 1908 y es la única sala de conciertos declarada Patrimonio Mundial por la Unesco. Este edificio modernista es una estructura central metálica recubierta de vidrio que, al recibir la luz natural, se convierte en una caja de música mágica donde se combinan todas las artes aplicadas: escultura, mosaico, vidrio y forja.

En el paseo de Gracia de Barcelona se encuentran tres de los más famosos edificios modernistas: la Casa Lleó Morera, que destaca por la riqueza ornamental de su fachada; la Casa Amatller, en cuyo interior podemos apreciar ese gusto por los detalles en el mobiliario y las lámparas, y la Casa Batlló, donde reconocemos el gusto por las formas onduladas y las vidrieras de colores de Gaudí. Estas casas son una clara muestra de cómo el modernismo contribuyó a embellecer y modernizar la capital catalana.

Adaptado de https://www.arteespana.com/arquitecturamodernista.htm

3 **Todo el grupo** ¿Conoces Barcelona? ¿Has visitado alguno de estos edificios?

4 **En parejas** Junto con tu compañero/a, busca información en internet sobre otros edificios modernistas en España o en tu país; tenéis que escribir un texto de diez líneas y adjuntar dos fotografías.

4.1 **Todo el grupo** Presentad los trabajos en clase. ¿Qué edificio os parece más interesante? ¿Cuál os gustaría visitar?

Cartelera DE CINE

Los amantes del círculo polar

Sinopsis

Ana y Otto son dos niños de 8 años que un día se conocen a la salida del colegio. En ese mismo momento nace una historia de amor secreta y circular que se cerrará 17 años después en Finlandia, en el mismo círculo polar ártico.

La película nos narra la hermosa y dramática historia de amor que viven los protagonistas, desde su primer encuentro en la infancia hasta los 25 años.

Antes de la secuencia

1 **En parejas** Los dos protagonistas se conocen a la salida del colegio. ¿Cómo crees que fue ese encuentro?

Ana

Otto

2 **Todo el grupo** Los nombres de los protagonistas son palíndromos. ¿Sabes qué significa eso? ¿Crees que los palíndromos o las cifras capicúas tienen alguna influencia en la vida de las personas o piensas que es solo una superstición? ¿Conoces otras palabras en español con esta característica?

3 Lee esta crítica de la película y marca la respuesta correcta.

> Fíjate:
> En realidad, *capicúa* es un término que se refiere a los números. Cuando se trata de palabras o frases, este fenómeno recibe el nombre de *palíndromo*.

Una deslumbrante historia de amor que gira en torno a las casualidades con las que se encuentran los protagonistas; esa es la mejor forma de definir esta película.
El film está relatado en forma de capítulos con el nombre de Ana y Otto en cada uno de ellos. A partir de ahí, observamos dos visiones distintas de un mismo hecho. Es la historia de Otto y Ana, la historia de dos niños con nombres capicúas.
La historia se "lee" de igual forma del derecho que del revés, igual que el nombre de sus protagonistas. El círculo comienza a dibujarse en los primeros minutos de la película, para acabar cerrándose perfectamente cuando se aproxima el final. La narración cumple un círculo, acabando donde empieza.

1. Los protagonistas se encuentran con una gran cantidad de...
   a. cosas capicúas.
   b. casualidades.
   c. problemas.

2. La película está dividida en...
   a. capítulos.
   b. párrafos.
   c. dos historias.

3. La historia es como...
   a. una esfera.
   b. un rectángulo.
   c. un círculo.

Durante la secuencia

4 **Otto se encuentra por primera vez con Ana. Visiona el fragmento** 00:09 ▶ 01:47 **y elige la opción correcta.**

1. Otto, de niño, se sentía **solo/protegido**.
2. La escena tiene lugar una tarde de **verano/invierno**.
3. Otto corría tras **una pelota/una niña**.
4. Si ella no lo hubiera mirado así, él habría seguido **mirándola/corriendo tras el balón**.
5. No se habría encontrado con ella si **Otto/un niño** hubiera chutado bien.

> Fíjate:
> La forma ***hubiera*** + participio es el pretérito pluscuamperfecto de subjuntivo y hace referencia a una acción del pasado que nunca se produjo.

5 **En parejas** **Ana se encuentra por primera vez con Otto. Visiona el fragmento** 01:48 ▶ 04:05 **y contesta a las preguntas.**

1. ¿Por qué la madre de Ana fue a buscarla al colegio?
2. ¿Qué hace Ana?
3. ¿Quién cree Ana que es ese niño?

6 **En parejas** **Visiona el fragmento** 04:06 ▶ final **y ordena los hechos siguientes según suceden. Luego compara el resultado con tu compañero/a.**

- [ ] A partir de entonces los protagonistas se ven muy a menudo.
- [ ] El padre de Otto le dice que no es momento para explicar su nombre.
- [ ] La madre de Ana le dice al padre de Otto que no es necesario que las lleve a su casa.
- [ ] El padre decide llevarlas a su casa aunque la madre de Ana dice que no es necesario.
- [ ] Ana dice que se siente mal y que está mareada.
- [ ] Ana le dice su nombre a Otto.
- [ ] Otto se presenta a Ana.
- [ ] Otto quiere explicar a Ana el porqué de su nombre.
- [ ] Otto decide bajarse del coche.
- [ ] Se despiden con un beso.
- [ ] Otto se da cuenta de que el nombre de Ana es "capicúa".

Después de la secuencia

7 **Todo el grupo** **Habla con tus compañeros sobre los siguientes temas relacionados con las escenas que has visto.**

1. ¿Crees en el destino? ¿Y en las casualidades?
2. ¿Crees en la buena o en la mala suerte? ¿Crees que, en general, tienes buena o mala suerte?
3. ¿Piensas que hay personas que están predestinadas a encontrarse y a tener una relación?
4. ¿Crees en el amor a primera vista? ¿Por qué?
5. ¿Es posible enamorarse cuando uno es pequeño? ¿Puede el amor de la infancia durar hasta cuando eres adulto?

Evaluación

1 Completa el texto con estos adjetivos.

pesimista | falso | sincero | callado | gracioso | cerrado | inseguro

Antonio siempre me había parecido antipático, pero el otro día estuve hablando un rato con él y me di cuenta de que, en realidad, lo que le pasa es que es un chico bastante [1] .... y que le cuesta hablar, es muy [2] ....; pero luego, cuando lo conoces mejor, te ríes mucho con él, es muy [3] .... Además se ve que es un chico [4] ...., no tiene mucha confianza en sí mismo. Es verdad que es un poco [5] ...., que tiene una visión algo oscura de la vida, pero al menos te dice siempre lo que piensa, es muy [6] .... y no un [7] .... como su hermano Miguel.

2 Escribe los contrarios de los siguientes adjetivos.

1. optimista › ....
2. nervioso/a › ....
3. serio/a › ....
4. generoso/a › ....
5. sincero/a › ....
6. vago/a › ....
7. maduro/a › ....
8. agradable › ....
9. cobarde › ....
10. modesto/a › ....
11. fiel › ....
12. desconfiado/a › ....

3 Describe el carácter de alguien a quien conozcas usando los adjetivos de las actividades anteriores.

....

....

....

4 Completa los diálogos. Fíjate bien en las reacciones.

▶ ....

▷ ¡Qué casualidad!

▶ ....

▷ ¡Qué susto!

▶ ....

▷ ¡Qué noticia!

▶ ....

▷ ¡Qué desastre!

▶ ....

▷ ¡Qué alegría!

▶ ....

▷ ¡Qué tontería!

5 Escribe los verbos entre paréntesis en la forma adecuada.

1. Antes me .... (interesar) más el cine, ahora .... (preferir) el teatro.
2. ¿Te preocupa que no .... (enviar, ellos) los informes a tiempo?
3. No debería sorprenderte que Lidia .... (estar) enfadada contigo.
4. Nos indigna .... (ganar) tan poco y que compañeros menos preparados que nosotras .... (tener) un sueldo mayor.
5. No me importa que .... (oír, tú) música con auriculares, pero no soporto que también .... (cantar), porque estoy estudiando.
6. Siento que .... (irse, tú) de la empresa, pero ya sé que .... (odiar) este trabajo.

6 Clasifica las palabras del recuadro donde corresponda.

nervioso/a | triste | rabia | pena | asco | contento/a | lástima | de mal humor | igual | miedo | furioso/a | de buen humor | vergüenza | lo mismo

Me da...	Me pone...

7 Elige seis locuciones de la actividad anterior y escribe en tu cuaderno una frase con cada una de ellas.

8 Selecciona la opción correcta.

1. Tengo una aplicación que **traduce/traduzca**, pero no tengo ninguna que **corrige/corrija**.
2. ¿Hay alguien que **sabe/sepa** para qué sirve este aparato?
3. Quiero una camisa como la que hemos visto antes, pero que no **tiene/tenga** bolsillos.
4. ¿Conoces al chico que nos **trae/traiga** los documentos?
5. Busca un lugar donde **puedes/puedas** estudiar tranquila.
6. Quiero un móvil que **es/sea** más pequeño, más o menos como el que **tienes/tengas** tú.

9 Observa el monumento de la imagen y completa la información.

Lugar: .... Autor: ....
Nombre: .... Época: ....
Estilo: ....

10 Cuando hablas español, tu lengua u otras que conozcas influyen de dos maneras; relaciona cada una de ellas con su significado. Luego responde a las preguntas.

1. Transferencia
2. Interferencia

a. Los esquemas de esa lengua contaminan tu español.
b. Lo parecido de esa lengua con el español te ayuda.

– En tu aprendizaje, ¿cuál de estas dos influencias crees que está más presente?
– Piensa en situaciones, relacionadas con ambos casos, que has experimentado en tu proceso de aprendizaje y coméntalas con el resto de la clase.

Apéndices

Pronunciación y ortografía

Ficha 1 Puntuación y acentuación (1): palabras agudas y llanas

1 Lee el cuadro con las reglas generales de acentuación y clasifica estas palabras en su lugar correspondiente. Luego decide si llevan tilde o no.

escriben | pelo | util | jamas | reloj | ojo | lapiz | movil | pensar
autobus | sillon | trabajo | camisetas | alli | comedor | arbol | Felix | pared

Fíjate:
Las mayúsculas llevan tilde siempre y cuando la norma lo exija: *Óscar, Ángel...*

Reglas generales de acentuación (1)

- Una sílaba es un grupo fónico que se pronuncia en un único golpe de voz: fe-rro-ca-rril.
- La mayoría de las palabras tienen **acento**, es decir, una sílaba (la sílaba **tónica**) que se pronuncia con intensidad. El resto de sílabas se pronuncian con una intensidad menor, son las sílabas **átonas**.

  En español, dependiendo de la posición de la sílaba tónica, hay diferentes tipos de palabras:

  – Las palabras que tienen el acento en la **última sílaba** se llaman **agudas**. Estas palabras llevan tilde cuando terminan en vocal, en *-n* o en *-s*: *sofá, ordenador,* ....
  ....

  – Las palabras que tienen el acento en la **penúltima sílaba** se llaman **graves** o **llanas**. Estas palabras llevan tilde cuando terminan en consonante distinta de *-n* y *-s*: *césped, impresora,* ......
  ....

2 **En parejas** Lee el texto y pon los signos de puntuación correspondientes (dos puntos/ puntos suspensivos), así como las tildes que faltan. Luego compara con tu compañero/a.

- Se usan los dos puntos **(:)** después del saludo que encabeza las cartas, antes de una enumeración o para introducir las palabras de otra persona:

  Querida Sandra:
  ¿Qué tal estás?
  Me gustan los deportes: la natación, el tenis y el rugbi.
  Sara llamó a Alba y le dijo: "¿Te apetece dar una vuelta?".

- Se usan los puntos suspensivos **(...)** para dejar una enumeración incompleta (equivale a *etcétera*) y para expresar duda, temor o vacilación:

  El apartotel tiene una habitación doble, un baño completo, una cocina americana...
  Espero una carta de la universidad. Estoy muy nervioso...

El conductor de Einstein

Albert Einstein iba a las universidades para dar conferencias. Como no le gustaba conducir, y sin embargo el coche le resultaba muy cómodo para sus desplazamientos, contrato los servicios de un conductor.

Despues de varios viajes, Einstein le comento al conductor lo aburrido que era repetir lo mismo una y otra vez, siempre las mismas palabras, siempre las mismas preguntas Este le dijo "Lo puedo sustituir por una noche. Despues de escuchar su conferencia tantas veces, la puedo recitar palabra por palabra". Einstein le tomo la palabra. Llegaron a la sala y el conductor expuso la conferencia, y ninguno de los académicos presentes descubrio el engaño. Al final, un profesor de la audiencia le hizo una pregunta. El conductor no tenía ni idea de cuál era la respuesta, pero tuvo un golpe de inspiracion y le dijo "La pregunta que me hace es tan sencilla que dejare que mi conductor, que se encuentra al final de la sala, la responda".

1 Lee el cuadro y escribe un ejemplo más en cada apartado.

Las palabras esdrújulas y sobresdrújulas. Los adverbios terminados en *-mente*

- Las palabras **esdrújulas** son las que tienen el acento en la **antepenúltima sílaba**. Siempre llevan tilde: *esdrújula, brújula, música,* ....
- Las palabras **sobresdrújulas** son las que tienen el acento en la **sílaba anterior a la antepenúltima sílaba**. Normalmente estas palabras son imperativos o gerundios seguidos de pronombres. La colocación de los pronombres átonos después de imperativo y gerundio da lugar, en muchas ocasiones, a palabras sobresdrújulas. En este caso, se acentúan siempre: *cómpratelo, dándoselo,* ....
- Los adverbios terminados en *-mente* se forman a partir de un adjetivo. En este caso, se acentúan solo si el adjetivo de origen lo hace: *fácil › fácilmente, efectiva › efectivamente,* ....

1.1 **En parejas** Escribe la tilde de estas palabras si es necesario y di si son esdrújulas (E), sobresdrújulas (S) o ninguna de las dos (N).

1. ☐ rapidamente	5. ☐ automovil	9. ☐ zapatillas	13. ☐ esparragos
2. ☐ sinceramente	6. ☐ diagnostico	10. ☐ pacificamente	14. ☐ dulcemente
3. ☐ esteril	7. ☐ desordenado	11. ☐ computadora	15. ☐ estructura
4. ☐ digamelo	8. ☐ arandanos	12. ☐ corrigemela	16. ☐ tuteame

2 Lee el siguiente texto y, teniendo en cuenta todas las reglas generales de acentuación que ya conoces, pon la tilde en las palabras que lo necesiten.

En 1945, la Carta de las Naciones Unidas reconocio formalmente la existencia de las Organizaciones No Gubernamentales (ONG), surgidas en todo el mundo hacia el siglo XIX. Su objetivo es impulsar la intervencion social a traves de proyectos de desarrollo y gracias al trabajo de más de un millon de voluntarios que desempeñan su labor con caracter altruista. Reguladas por un codigo de conducta, las ONG realizan cada año la memoria de sus actividades y cuentas economicas para facilitar el control externo y garantizar una politica de transparencia en su gestion.

Creadas independientemente de los Gobiernos, las ONG cuentan en su organizacion con asalariados y una gran mayoría de personas voluntarias, sin animo de lucro, que desempeñan su labor en los ambitos de la cultura, el ocio, la educacion, el deporte, los servicios sociales, la aplicacion de tratados internacionales y el medioambiente, entre otras cuestiones. En total, son más de un millon de voluntarios y unos 200 000 asalariados los que constituyen la estructura de la principal herramienta para la defensa de las causas sociales.

Fuente: https://ayudaenaccion.org/ong/

Ficha 3 Acentuación (3): diptongos, triptongos e hiatos. La tilde diacrítica

1 Lee la información que tienes a continuación y añade un ejemplo a cada caso.

Recuerda:

- Un **diptongo** es un grupo de dos vocales contiguas que se pronuncian en una sola sílaba. Las vocales que componen un diptongo son una abierta *(a, e, o)* y otra cerrada *(i, u)*, o dos cerradas: *escuela*, ...
- Un **triptongo** es un grupo de tres vocales contiguas que se pronuncian en una sola sílaba. La vocal situada en el centro es siempre abierta *(a, e, o)*; las de los extremos, cerradas *(i, u)*: *limpiéis*, ...
- Un **hiato** es un grupo de dos vocales contiguas que se pronuncian en sílabas diferentes: *león*, ...

2 **En parejas** Fíjate en las siguientes oraciones. Presta atención a las palabras que están en negrita. ¿Cuál es la única diferencia ortográfica entre ellas? ¿Se pronuncian de manera diferente? ¿Significan lo mismo?

1. a. **El** conductor paró de un frenazo el autobús.
   b. Me lo dijo **él**.
2. a. ¿Dónde has puesto **tu** abrigo?
   b. **Tú** siempre dices la verdad.
3. a. Te invito a cenar a **mi** casa.
   b. ¿Tienes algo para **mí**?
4. a. **Te** he comprado un par de zapatos.
   b. Voy a pedirme una taza de **té**.
5. a. **Si** llueve, no iremos al zoo.
   b. Me respondió con un rotundo **sí**.
6. a. He comprado una chaqueta **de** cuero.
   b. Me ha dicho que le **dé** 100 euros.
7. a. **Se** ha comido todo el pastel.
   b. Ya **sé** que tienes razón.
   c. **Sé** tú mismo en la entrevista.
8. a. Quiso convencerlo, **mas** fue imposible.
   b. Habla **más** alto.

2.1 Completa el cuadro con los ejemplos correspondientes de la actividad anterior.

	Monosílabo	Uso	Ejemplo
1.	....	Pronombre personal	a b
	....	Artículo masculino singular	a b
2.	....	Adjetivo posesivo de segunda persona	a b
	....	Pronombre personal de segunda persona ...	a b
3.	....	Pronombre personal de primera persona	a b
	....	Adjetivo posesivo de primera persona	a b
4.	....	Nombre: planta, bebida u hoja	a b
	....	Pronombre personal de segunda persona ...	a b
5.	....	Conjunción que indica condición	a b
	....	Adverbio de afirmación	a b
6.	....	Presente de subjuntivo del verbo *dar*	a b
	....	Preposición	a b
7.	....	Imperativo del verbo *ser*	a b c
	....	Presente del verbo *saber*	a b c
	....	Pronombre personal de tercera persona	a b c
8.	....	Adverbio de cantidad	a b
	....	Conjunción igual a *pero*	a b

Ficha 4 Consonantes oclusivas: contraste sordas/sonoras

1 [43] Escucha los siguientes pares de palabras y sigue las instrucciones que tienes a continuación.

1. Escribe cada palabra que oigas en el lugar correspondiente de las tablas.
2. Indica si los pares son iguales (=) o diferentes (≠).
3. Subraya la sílaba en la que se encuentre el sonido estudiado.

Tabla 1. Sonidos /p/ y /b/

Recuerda que el sonido /b/ se corresponde con las grafías *b* o *v*.

			Palabras con el sonido /p/	Palabras con el sonido /b/
1.	=	☒	*pastar*	*bastar*
2.	=	≠	....	....
3.	=	≠	....	....
4.	=	≠	....	....
5.	=	≠	....	....

Tabla 2. Sonidos /t/ y /d/

			Palabras con el sonido /t/	Palabras con el sonido /d/
1.	=	≠	....	....
2.	=	≠	....	....
3.	=	≠	....	....
4.	=	≠	....	....
5.	=	≠	....	....

Tabla 3. Sonidos /k/ y /g/

			Palabras con el sonido /k/	Palabras con el sonido /g/
1.	=	≠	....	....
2.	=	≠	....	....
3.	=	≠	....	....
4.	=	≠	....	....
5.	=	≠	....	....

Recuerda:
- El sonido /k/ se corresponde con las grafías *ca, co, cu* y *que, qui.*
- El sonido /g/ se corresponde con las grafías *ga, go, gu* y *gue, gui.*

1.1 [44] Vas a escuchar una serie de palabras que contienen estos sonidos. Escríbelas. ¿A qué palabra de las que has escuchado hace referencia la imagen?

1. .... 6. .... 11. ....
2. .... 7. .... 12. ....
3. .... 8. .... 13. ....
4. .... 9. .... 14. ....
5. .... 10. .... 15. ....

Ficha 5 Consonantes fricativas: /s/, /z/, /f/, /j/. Grafías *g/j*, *h*

Pablo Alborán,
álbum *Pablo Alborán*, 2011

1 [45] En el siguiente audio se recita la letra de una canción de Pablo Alborán, famoso cantante español. En algunas palabras falta una letra, complétalas con las grafías correspondientes a los sonidos /s/ y /z/, según corresponda. Luego busca la canción en internet y escúchala.

Solamente tú

Regálame tu ri....a,
en....éñame a ....oñar...
Con ....olo una cari....ia
me pierdo en este mar...

Regálame tu e....trella,
la que ilumina esta noche,
llena de pa.... y de armonía,
y te entregaré mi vida.

Ha....es que mi ....ielo
vuelva a tener ese a....ul,
pintas de colores
mis mañanas ....olo tú.

Navego entre las ola.... de tu vo.......
Y tú, y tú, y tú, y ....olamente tú
ha....es que mi alma
se despierte con tu lu....,
y tú, y tú, y tú...

En....eña tus heridas,
y así las curarás,
que ....epa el mundo entero
que tu vo.... guarda un secreto.
No mencione.... tu nombre
que en el firmamento
se mueren de ....elos,
tus ojos son de....tellos,
tu garganta es un mi....terio...

2 [46] Escucha y repite la serie de palabras que contienen el sonido /f/.

2.1 [47] Escucha y repite la serie de palabras que contienen el sonido /j/.

2.2 Ahora tu profesor/a te va a dictar algunas de las palabras que has escuchado. Clasifícalas en la tabla.

Grafía *g*	Grafía *j*	Grafía *f*

El sonido /j/ se representa gráficamente con las grafías *g* y *j*:
- *g* + *e*, *i*: *genio, girasol.*
- *j* + *a*, *e*, *i*, *o*, *u*: *baja, jefe, jirafa, ajo, julio.*

3 La letra *h* puede llevarnos a cometer algún error ortográfico. Ya sabemos que en español es una letra muda, es decir, que no tiene sonido. ¿Cómo se pronuncian las siguientes palabras? Léelas en voz alta.

- haber
- helado
- hecho
- Honduras
- habitante
- hospital
- hoja
- hueco
- historia
- himno

El grupo *hi* + *e* lo pronunciamos como /ye/:
hiedra, hiel, hielo, hiena, hierbabuena, hierbajo, hierro...

3.1 Fíjate en estos ejemplos: *hielo, hierba, hierro.* ¿Cómo se pronuncian? Mira el cuadro y luego lee los ejemplos en voz alta.

- hiedra
- hielo
- hiena
- hierbabuena
- hierro

Tabla de verbos

Presente de indicativo

Verbos regulares

1.ª conjugación -AR CANTAR	2.ª conjugación -ER COMER	3.ª conjugación -IR VIVIR
canto	como	vivo
cantas	comes	vives
canta	come	vive
cantamos	comemos	vivimos
cantáis	coméis	vivís
cantan	comen	viven

Verbos reflexivos regulares

Bañarse	Ducharse	Lavarse	Levantarse	Peinarse
me baño	**me** ducho	**me** lavo	**me** levanto	**me** peino
te bañas	**te** duchas	**te** lavas	**te** levantas	**te** peinas
se baña	**se** ducha	**se** lava	**se** levanta	**se** peina
nos bañamos	**nos** duchamos	**nos** lavamos	**nos** levantamos	**nos** peinamos
os bañáis	**os** ducháis	**os** laváis	**os** levantáis	**os** peináis
se bañan	**se** duchan	**se** lavan	**se** levantan	**se** peinan

Verbos irregulares

Verbos con irregularidad vocálica

- **E › IE**

Cerrar	Comenzar	Despertarse	Divertirse	Empezar
c**ie**rro	com**ie**nzo	me desp**ie**rto	me div**ie**rto	emp**ie**zo
c**ie**rras	com**ie**nzas	te desp**ie**rtas	te div**ie**rtes	emp**ie**zas
c**ie**rra	com**ie**nza	se desp**ie**rta	se div**ie**rte	emp**ie**za
cerramos	comenzamos	nos despertamos	nos divertimos	empezamos
cerráis	comenzáis	os despertáis	os divertís	empezáis
c**ie**rran	com**ie**nzan	se desp**ie**rtan	se div**ie**rten	emp**ie**zan

Entender	Merendar	Pensar	Perder	Querer
ent**ie**ndo	mer**ie**ndo	p**ie**nso	p**ie**rdo	qu**ie**ro
ent**ie**ndes	mer**ie**ndas	p**ie**nsas	p**ie**rdes	qu**ie**res
ent**ie**nde	mer**ie**nda	p**ie**nsa	p**ie**rde	qu**ie**re
entendemos	merendamos	pensamos	perdemos	queremos
entendéis	merendáis	pensáis	perdéis	queréis
ent**ie**nden	mer**ie**ndan	p**ie**nsan	p**ie**rden	qu**ie**ren

- **O › UE**

Acordarse	Acostarse	Almorzar	Contar	Dormir	Encontrar
me acuerdo	me acuesto	almuerzo	cuento	duermo	encuentro
te acuerdas	te acuestas	almuerzas	cuentas	duermes	encuentras
se acuerda	se acuesta	almuerza	cuenta	duerme	encuentra
nos acordamos	nos acostamos	almorzamos	contamos	dormimos	encontramos
os acordáis	os acostáis	almorzáis	contáis	dormís	encontráis
se acuerdan	se acuestan	almuerzan	cuentan	duermen	encuentran

Poder	Recordar	Resolver	Soler	Soñar	Volver
puedo	recuerdo	resuelvo	suelo	sueño	vuelvo
puedes	recuerdas	resuelves	sueles	sueñas	vuelves
puede	recuerda	resuelve	suele	sueña	vuelve
podemos	recordamos	resolvemos	solemos	soñamos	volvemos
podéis	recordáis	resolvéis	soléis	soñáis	volvéis
pueden	recuerdan	resuelven	suelen	sueñan	vuelven

- **E › I**

Elegir	Pedir	Reírse	Repetir	Servir	Vestirse
elijo	pido	me río	repito	sirvo	me visto
eliges	pides	te ríes	repites	sirves	te vistes
elige	pide	se ríe	repite	sirve	se viste
elegimos	pedimos	nos reímos	repetimos	servimos	nos vestimos
elegís	pedís	os reís	repetís	servís	os vestís
eligen	piden	se ríen	repiten	sirven	se visten

- **U › UE**

Jugar
juego
juegas
juega
jugamos
jugáis
juegan

- **I › Y**

Concluir	Construir	Contribuir	Destruir	Huir
concluyo	construyo	contribuyo	destruyo	huyo
concluyes	construyes	contribuyes	destruyes	huyes
concluye	construye	contribuye	destruye	huye
concluimos	construimos	contribuimos	destruimos	huimos
concluís	construís	contribuís	destruís	huis
concluyen	construyen	contribuyen	destruyen	huyen

Verbos irregulares en la primera persona

- **Verbos en -ZC-**

Conducir	Conocer	Obedecer	Producir	Traducir
condu**zc**o	cono**zc**o	obede**zc**o	produ**zc**o	tradu**zc**o
conduces	conoces	obedeces	produces	traduces
conduce	conoce	obedece	produce	traduce
conducimos	conocemos	obedecemos	producimos	traducimos
conducís	conocéis	obedecéis	producís	traducís
conducen	conocen	obedecen	producen	traducen

Otros verbos irregulares en la primera persona

Caer	Dar	Hacer	Poner	Saber	Salir
caigo	**doy**	**hago**	**pongo**	**sé**	**salgo**
caes	das	haces	pones	sabes	sales
cae	da	hace	pone	sabe	sale
caemos	damos	hacemos	ponemos	sabemos	salimos
caéis	dais	hacéis	ponéis	sabéis	salís
caen	dan	hacen	ponen	saben	salen

Traer	Valer	Ver
traigo	**valgo**	**veo**
traes	vales	ves
trae	vale	ve
traemos	valemos	vemos
traéis	valéis	veis
traen	valen	ven

Verbos con dos irregularidades

Decir	Oír	Oler	Tener	Venir
digo	**oigo**	**hue**lo	**tengo**	**vengo**
d**i**ces	o**y**es	**hue**les	**tie**nes	**vie**nes
d**i**ce	o**y**e	**hue**le	**tie**ne	**vie**ne
decimos	oímos	olemos	tenemos	venimos
decís	oís	oléis	tenéis	venís
d**i**cen	o**y**en	**hue**len	**tie**nen	**vie**nen

Verbos con irregularidades propias

Estar	Haber	Ir	Ser
estoy	**he**	**voy**	**soy**
estás	**has**	**vas**	**eres**
está	**ha**	**va**	**es**
estamos	**hemos**	**vamos**	**somos**
estáis	habéis	**vais**	**sois**
están	**han**	**van**	**son**

Recuerda:

- El verbo *haber* se usa principalmente para formar los tiempos compuestos de los verbos.
- Cuando funciona como verbo impersonal, tiene una forma especial en presente, *hay*:

  Hay un árbol en la esquina.
  Hay árboles en el parque.

- El verbo *estar* cambia la sílaba tónica habitual del presente de indicativo en todas las personas excepto en *nosotros/as* y *vosotros/as* (por eso algunas formas llevan tilde).

Verbos que se construyen como *gustar*

Doler	Encantar	Molestar	Parecer
me **due**le/**due**len	me encanta/encantan	me molesta/molestan	me parece/parecen
te **due**le/**due**len	te encanta/encantan	te molesta/molestan	te parece/parecen
le **due**le/**due**len	le encanta/encantan	le molesta/molestan	le parece/parecen
nos **due**le/**due**len	nos encanta/encantan	nos molesta/molestan	nos parece/parecen
os **due**le/**due**len	os encanta/encantan	os molesta/molestan	os parece/parecen
les **due**le/**due**len	les encanta/encantan	les molesta/molestan	les parece/parecen

Imperativo afirmativo

Verbos regulares

	1.ª conjugación -AR CANTAR	2.ª conjugación -ER COMER	3.ª conjugación -IR VIVIR
tú	cant**a**	com**e**	viv**e**
usted	cant**e**	com**a**	viv**a**
vosotros/as	cant**ad**	com**ed**	viv**id**
ustedes	cant**en**	com**an**	viv**an**

Verbos irregulares

Irregularidades vocálicas

- **E › IE**

Cerrar	Empezar	Pensar
c**ie**rra	emp**ie**za	p**ie**nsa
c**ie**rre	emp**ie**ce	p**ie**nse
cerrad	empezad	pensad
c**ie**rren	emp**ie**cen	p**ie**nsen

- **O › UE**

Contar	Dormir	Volver
c**ue**nta	d**ue**rme	v**ue**lve
c**ue**nte	d**ue**rma	v**ue**lva
contad	dormid	volved
c**ue**nten	d**ue**rman	v**ue**lvan

• **U > UE**

Jugar
juega
juegue
jugad
jueguen

• **E > I**

Elegir	Pedir	Vestir
el**i**ge	p**i**de	v**i**ste
el**i**ja	p**i**da	v**i**sta
elegid	pedid	vestid
el**i**jan	p**i**dan	v**i**stan

• **I > Y**

Construir	Huir
constru**y**e	hu**y**e
constru**y**a	hu**y**a
construid	huid
constru**y**an	hu**y**an

Verbos completamente irregulares

Decir	Hacer	Ir	Oír	Poner	Salir	Ser	Tener	Venir
di	**haz**	**ve**	**oye**	**pon**	**sal**	**sé**	**ten**	**ven**
diga	**haga**	**vaya**	**oiga**	**ponga**	**salga**	**sea**	**tenga**	**venga**
decid	haced	id	oíd	poned	salid	sed	tened	venid
digan	**hagan**	**vayan**	**oigan**	**pongan**	**salgan**	**sean**	**tengan**	**vengan**

La segunda persona del plural *(vosotros/as)* del imperativo es siempre regular.

Verbos reflexivos

Acostarse	Despertarse	Dormirse	Levantarse	Reírse	Vestirse
acu**é**sta**te**	despi**é**rta**te**	du**é**rme**te**	lev**á**nta**te**	r**í**e**te**	v**í**ste**te**
acu**é**ste**se**	despi**é**rte**se**	du**é**rma**se**	lev**á**nte**se**	r**í**a**se**	v**í**sta**se**
acosta**os**	desperta**os**	dorm**íos**	levanta**os**	re**íos**	vest**íos**
acu**é**sten**se**	despi**é**rten**se**	du**é**rman**se**	lev**á**nten**se**	r**í**an**se**	v**í**stan**se**

Pretérito perfecto de indicativo

Verbos regulares

1.ª conjugación -AR CANTAR	2.ª conjugación -ER COMER	3.ª conjugación -IR VIVIR
he cantado	**he** comido	**he** vivido
has cantado	**has** comido	**has** vivido
ha cantado	**ha** comido	**ha** vivido
hemos cantado	**hemos** comido	**hemos** vivido
habéis cantado	**habéis** comido	**habéis** vivido
han cantado	**han** comido	**han** vivido

Participios irregulares

abrir > **abierto**	escribir > **escrito**	poner > **puesto**	romper > **roto**
cubrir > **cubierto**	hacer > **hecho**	prever > **previsto**	satisfacer > **satisfecho**
decir > **dicho**	imprimir > **impreso, imprimido**	resolver > **resuelto**	ver > **visto**
descubrir > **descubierto**	morir > **muerto**	revolver > **revuelto**	volver > **vuelto**

Pretérito indefinido

Verbos regulares

1.ª conjugación -AR CANTAR	2.ª conjugación -ER COMER	3.ª conjugación -IR VIVIR
canté	comí	viví
cantaste	comiste	viviste
cantó	comió	vivió
cantamos	comimos	vivimos
cantasteis	comisteis	vivisteis
cantaron	comieron	vivieron

Verbos con cambios gráficos

- C › QU
- G › GU
- Z › C

Buscar	Pescar	Jugar	Pegar	Comenzar	Empezar
bus**qué**	pes**qué**	ju**gué**	pe**gué**	comen**cé**	empe**cé**
buscaste	pescaste	jugaste	pegaste	comenzaste	empezaste
buscó	pescó	jugó	pegó	comenzó	empezó
buscamos	pescamos	jugamos	pegamos	comenzamos	empezamos
buscasteis	pescasteis	jugasteis	pegasteis	comenzasteis	empezasteis
buscaron	pescaron	jugaron	pegaron	comenzaron	empezaron

Verbos irregulares

Verbos irregulares en la raíz verbal

Andar	Caber	Estar	Haber	Hacer	Poder
anduve	**cupe**	**estuve**	**hube**	**hice**	**pude**
anduviste	**cupiste**	**estuviste**	**hubiste**	**hiciste**	**pudiste**
anduvo	**cupo**	**estuvo**	**hubo**	**hizo**	**pudo**
anduvimos	**cupimos**	**estuvimos**	**hubimos**	**hicimos**	**pudimos**
anduvisteis	**cupisteis**	**estuvisteis**	**hubisteis**	**hicisteis**	**pudisteis**
anduvieron	**cupieron**	**estuvieron**	**hubieron**	**hicieron**	**pudieron**

Poner	Querer	Saber	Tener	Venir
puse	**quise**	**supe**	**tuve**	**vine**
pusiste	**quisiste**	**supiste**	**tuviste**	**viniste**
puso	**quiso**	**supo**	**tuvo**	**vino**
pusimos	**quisimos**	**supimos**	**tuvimos**	**vinimos**
pusisteis	**quisisteis**	**supisteis**	**tuvisteis**	**vinisteis**
pusieron	**quisieron**	**supieron**	**tuvieron**	**vinieron**

Fíjate:
En este grupo de verbos también cambia el acento habitual del pretérito indefinido:
~~quisé~~ › quise
~~tuvó~~ › tuvo

Los verbos que tienen *j* en la raíz verbal pierden la *i* en la tercera persona del plural:

Conducir	Decir	Traducir	Traer
conduje	dije	traduje	traje
condujiste	dijiste	tradujiste	trajiste
condujo	dijo	tradujo	trajo
condujimos	dijimos	tradujimos	trajimos
condujisteis	dijisteis	tradujisteis	trajisteis
condujeron	dijeron	tradujeron	trajeron

Verbos irregulares en la tercera persona

- **E › I**

Divertirse	Elegir	Impedir	Medir	Mentir	Pedir
me divertí	elegí	impedí	medí	mentí	pedí
te divertiste	elegiste	impediste	mediste	mentiste	pediste
se divirtió	eligió	impidió	midió	mintió	pidió
nos divertimos	elegimos	impedimos	medimos	mentimos	pedimos
os divertisteis	elegisteis	impedisteis	medisteis	mentisteis	pedisteis
se divirtieron	eligieron	impidieron	midieron	mintieron	pidieron

Reír	Repetir	Seguir	Sentir	Servir	Sonreír
reí	repetí	seguí	sentí	serví	sonreí
reíste	repetiste	seguiste	sentiste	serviste	sonreíste
rio	repitió	siguió	sintió	sirvió	sonrió
reímos	repetimos	seguimos	sentimos	servimos	sonreímos
reísteis	repetisteis	seguisteis	sentisteis	servisteis	sonreísteis
rieron	repitieron	siguieron	sintieron	sirvieron	sonrieron

> Fíjate:
> Todos los verbos de este grupo son de la tercera conjugación *(-ir)*.

- **O › U**

Dormir	Morir
dormí	morí
dormiste	moriste
durmió	murió
dormimos	morimos
dormisteis	moristeis
durmieron	murieron

> Fíjate:
> Esta irregularidad solo la tienen los verbos *dormir* y *morir.*

• I > Y

Caer	Concluir	Construir	Contribuir	Creer
caí	concluí	construí	contribuí	creí
caíste	concluiste	construiste	contribuiste	creíste
ca**y**ó	conclu**y**ó	constru**y**ó	contribu**y**ó	cre**y**ó
caímos	concluimos	construimos	contribuimos	creímos
caísteis	concluisteis	construisteis	contribuisteis	creísteis
ca**y**eron	conclu**y**eron	constru**y**eron	contribu**y**eron	cre**y**eron

Destruir	Huir	Leer	Oír	Sustituir
destruí	hui	leí	oí	sustituí
destruiste	huiste	leíste	oíste	sustituiste
destru**y**ó	hu**y**ó	le**y**ó	o**y**ó	sustitu**y**ó
destruimos	huimos	leímos	oímos	sustituimos
destruisteis	huisteis	leísteis	oísteis	sustituisteis
destru**y**eron	hu**y**eron	le**y**eron	o**y**eron	sustitu**y**eron

Verbos con irregularidades propias

Dar	Ir/Ser
di	**fui**
diste	**fuiste**
dio	**fue**
dimos	**fuimos**
disteis	**fuisteis**
dieron	**fueron**

Recuerda:
Las formas de los verbos *ir* y *ser* coinciden en pretérito indefinido. Solo se distinguen por el contexto en que aparecen.

Pretérito imperfecto de indicativo

Verbos regulares

1.ª conjugación -AR CANTAR	2.ª conjugación -ER COMER	3.ª conjugación -IR VIVIR
cantaba	comía	vivía
cantabas	comías	vivías
cantaba	comía	vivía
cantábamos	comíamos	vivíamos
cantabais	comíais	vivíais
cantaban	comían	vivían

Verbos irregulares

Ser	Ir	Ver
era	**iba**	**veía**
eras	**ibas**	**veías**
era	**iba**	**veía**
éramos	**íbamos**	**veíamos**
erais	**ibais**	**veíais**
eran	**iban**	**veían**

Pretérito pluscuamperfecto de indicativo

Verbos regulares

1.ª conjugación -AR CANTAR	2.ª conjugación -ER COMER	3.ª conjugación -IR VIVIR
había cantado	**había** comido	**había** vivido
habías cantado	**habías** comido	**habías** vivido
había cantado	**había** comido	**había** vivido
habíamos cantado	**habíamos** comido	**habíamos** vivido
habíais cantado	**habíais** comido	**habíais** vivido
habían cantado	**habían** comido	**habían** vivido

Participios irregulares

abrir › **abierto**	escribir › **escrito**	poner › **puesto**	romper › **roto**
cubrir › **cubierto**	hacer › **hecho**	prever › **previsto**	satisfacer › **satisfecho**
decir › **dicho**	imprimir › **impreso, imprimido**	resolver › **resuelto**	ver › **visto**
descubrir › **descubierto**	morir › **muerto**	revolver › **revuelto**	volver › **vuelto**

Futuro simple de indicativo

Verbos regulares

1.ª conjugación -AR CANTAR	2.ª conjugación -ER COMER	3.ª conjugación -IR VIVIR
cantaré	comeré	viviré
cantarás	comerás	vivirás
cantará	comerá	vivirá
cantaremos	comeremos	viviremos
cantaréis	comeréis	viviréis
cantarán	comerán	vivirán

Verbos irregulares

Caber	Decir	Haber	Hacer	Poder	Poner
cabré	diré	habré	haré	podré	pondré
cabrás	dirás	habrás	harás	podrás	pondrás
cabrá	dirá	habrá	hará	podrá	pondrá
cabremos	diremos	habremos	haremos	podremos	pondremos
cabréis	diréis	habréis	haréis	podréis	pondréis
cabrán	dirán	habrán	harán	podrán	pondrán

Querer	Saber	Salir	Tener	Valer	Venir
querré	sabré	saldré	tendré	valdré	vendré
querrás	sabrás	saldrás	tendrás	valdrás	vendrás
querrá	sabrá	saldrá	tendrá	valdrá	vendrá
querremos	sabremos	saldremos	tendremos	valdremos	vendremos
querréis	sabréis	saldréis	tendréis	valdréis	vendréis
querrán	sabrán	saldrán	tendrán	valdrán	vendrán

Futuro compuesto de indicativo

Verbos regulares

1.ª conjugación -AR CANTAR	2.ª conjugación -ER COMER	3.ª conjugación -IR VIVIR
habré cantado	**habré** comido	**habré** vivido
habrás cantado	**habrás** comido	**habrás** vivido
habrá cantado	**habrá** comido	**habrá** vivido
habremos cantado	**habremos** comido	**habremos** vivido
habréis cantado	**habréis** comido	**habréis** vivido
habrán cantado	**habrán** comido	**habrán** vivido

Participios irregulares

abrir › **abierto**	escribir › **escrito**	poner › **puesto**	romper › **roto**
cubrir › **cubierto**	hacer › **hecho**	prever › **previsto**	satisfacer › **satisfecho**
decir › **dicho**	imprimir › **impreso, imprimido**	resolver › **resuelto**	ver › **visto**
descubrir › **descubierto**	morir › **muerto**	revolver › **revuelto**	volver › **vuelto**

Condicional simple

Verbos regulares

1.ª conjugación -AR CANTAR	2.ª conjugación -ER COMER	3.ª conjugación -IR VIVIR
cantaría	comería	viviría
cantarías	comerías	vivirías
cantaría	comería	viviría
cantaríamos	comeríamos	viviríamos
cantaríais	comeríais	viviríais
cantarían	comerían	vivirían

Verbos irregulares

Caber	Decir	Haber	Hacer	Poder	Poner
cabría	**diría**	**habría**	**haría**	**podría**	**pondría**
cabrías	**dirías**	**habrías**	**harías**	**podrías**	**pondrías**
cabría	**diría**	**habría**	**haría**	**podría**	**pondría**
cabríamos	**diríamos**	**habríamos**	**haríamos**	**podríamos**	**pondríamos**
cabríais	**diríais**	**habríais**	**haríais**	**podríais**	**pondríais**
cabrían	**dirían**	**habrían**	**harían**	**podrían**	**pondrían**

Querer	Saber	Salir	Tener	Valer	Venir
querría	**sabría**	**saldría**	**tendría**	**valdría**	**vendría**
querrías	**sabrías**	**saldrías**	**tendrías**	**valdrías**	**vendrías**
querría	**sabría**	**saldría**	**tendría**	**valdría**	**vendría**
querríamos	**sabríamos**	**saldríamos**	**tendríamos**	**valdríamos**	**vendríamos**
querríais	**sabríais**	**saldríais**	**tendríais**	**valdríais**	**vendríais**
querrían	**sabrían**	**saldrían**	**tendrían**	**valdrían**	**vendrían**

Presente de subjuntivo

Verbos regulares

1.ª conjugación -AR CANTAR	2.ª conjugación -ER COMER	3.ª conjugación -IR VIVIR
cante	coma	viva
cantes	comas	vivas
cante	coma	viva
cantemos	comamos	vivamos
cantéis	comáis	viváis
canten	coman	vivan

Verbos irregulares

Irregularidades vocálicas

- **E > IE (verbos en -AR y -ER)**

Comenzar	Otros verbos
comience	calentar, cerrar, despertarse, negar, pensar...
comiences	
comience	
comencemos	
comencéis	
comiencen	

Entender	Otros verbos
entienda	encender, perder, querer, tender...
entiendas	
entienda	
entendamos	
entendáis	
entiendan	

- **E > IE + E > I (verbos en -IR)**

Mentir	Otros verbos
mienta	convertir, divertirse, herir, invertir, sentir, sugerir...
mientas	
mienta	
mintamos	
mintáis	
mientan	

- **O > UE (verbos en -AR y -ER)**

Soñar	Poder	Otros verbos
sueñe	pueda	acordarse, acostarse, contar, soler, volver...
sueñes	puedas	
sueñe	pueda	
soñemos	podamos	
soñéis	podáis	
sueñen	puedan	

- **O > UE + O > U**

Dormir	Otros verbos
duerma	morir
duermas	
duerma	
durmamos	
durmáis	
duerman	

- **U > UE**

Jugar
juegue
juegues
juegue
juguemos
juguéis
jueguen

- **E > I**

Pedir	Otros verbos
pida	elegir, reírse, repetir, servir, vestirse...
pidas	
pida	
pidamos	
pidáis	
pidan	

- **I > Y**

Construir	Otros verbos
construya	concluir, contribuir, destruir, huir...
construyas	
construya	
construyamos	
construyáis	
construyan	

Verbos con la primera persona irregular en presente de indicativo

- **Verbos en -ZC-** ***(conduzco, conozco, obedezco, produzco, traduzco)***

Conducir	Conocer	Obedecer	Producir	Traducir
conduzca	conozca	obedezca	produzca	traduzca
conduzcas	conozcas	obedezcas	produzcas	traduzcas
conduzca	conozca	obedezca	produzca	traduzca
conduzcamos	conozcamos	obedezcamos	produzcamos	traduzcamos
conduzcáis	conozcáis	obedezcáis	produzcáis	traduzcáis
conduzcan	conozcan	obedezcan	produzcan	traduzcan

Otros verbos
agradecer, crecer, desaparecer, nacer, ofrecer, parecer, reducir...

- **Otros verbos irregulares en la primera persona *(caigo, digo, hago, oigo, pongo, salgo, tengo, traigo, valgo, vengo)***

Caer	Decir	Hacer	Oír	Poner
caiga	diga	haga	oiga	ponga
caigas	digas	hagas	oigas	pongas
caiga	diga	haga	oiga	ponga
caigamos	digamos	hagamos	oigamos	pongamos
caigáis	digáis	hagáis	oigáis	pongáis
caigan	digan	hagan	oigan	pongan

Salir	Tener	Traer	Valer	Venir
salga	tenga	traiga	valga	venga
salgas	tengas	traigas	valgas	vengas
salga	tenga	traiga	valga	venga
salgamos	tengamos	traigamos	valgamos	vengamos
salgáis	tengáis	traigáis	valgáis	vengáis
salgan	tengan	traigan	valgan	vengan

Verbos con irregularidades propias

Haber	Ir	Saber	Ser	Ver
haya	vaya	sepa	sea	vea
hayas	vayas	sepas	seas	veas
haya	vaya	sepa	sea	vea
hayamos	vayamos	sepamos	seamos	veamos
hayáis	vayáis	sepáis	seáis	veáis
hayan	vayan	sepan	sean	vean

Verbos con cambios gráficos

• G › J	• C › Z	• Z › C	• GU › G	• G › GU	• C › QU
Coger	**Convencer**	**Cazar**	**Distinguir**	**Investigar**	**Tocar**
coja	convenza	cace	distinga	investigue	toque
cojas	convenzas	caces	distingas	investigues	toques
coja	convenza	cace	distinga	investigue	toque
cojamos	convenzamos	cacemos	distingamos	investiguemos	toquemos
cojáis	convenzáis	cacéis	distingáis	investiguéis	toquéis
cojan	convenzan	cacen	distingan	investiguen	toquen

Dar	Estar
dé	esté
des	estés
dé	esté
demos	estemos
deis	estéis
den	estén

Fíjate:
El verbo *dar* lleva una tilde diacrítica en la primera y tercera personas del singular para que no se confunda con la preposición *de*.

Fíjate:
El verbo *estar* cambia la sílaba tónica habitual del presente de subjuntivo en todas las personas del singular y en la tercera del plural.

Pretérito perfecto de subjuntivo

Verbos regulares

1.ª conjugación -AR CANTAR	2.ª conjugación -ER COMER	3.ª conjugación -IR VIVIR
haya cantado	**haya** comido	**haya** vivido
hayas cantado	**hayas** comido	**hayas** vivido
haya cantado	**haya** comido	**haya** vivido
hayamos cantado	**hayamos** comido	**hayamos** vivido
hayáis cantado	**hayáis** comido	**hayáis** vivido
hayan cantado	**hayan** comido	**hayan** vivido

Participios irregulares

abrir › **abierto**	escribir › **escrito**	poner › **puesto**	romper › **roto**
cubrir › **cubierto**	hacer › **hecho**	prever › **previsto**	satisfacer › **satisfecho**
decir › **dicho**	imprimir › **impreso, imprimido**	resolver › **resuelto**	ver › **visto**
descubrir › **descubierto**	morir › **muerto**	revolver › **revuelto**	volver › **vuelto**

Glosario

A	En mi lengua
A primera vista	
Abastecer	
Abertura, la	
Abeto, el	
Acceso, el	
Aconsejable	
Acontecimiento, el	
Actitud, la	
Adjuntar	
Adolescente, el/la	
Adoptar	
Advertir	
Afectar	
Afirmar	
Agenda, la	
Agnóstico/a, el/la	
Agobiado/a	
Agobio, el	
Agradar	
Agravado/a	
Aguantar	
Ajeno/a	
Ajustarse	
Albóndiga, la	
Alcalde/alcaldesa, el/la	
Alegre	
Alimento procesado, el	
Almacén, el	
Almendrado/a	
Alquimia, la	
Altiplano, el	
Ancestro, el	
Anécdota, la	
Ansiedad, la	
Antelación, la	
Antivirus, el	
Añadir	
Aparato, el	
Aplicar	
Aportar	
Aprendizaje, el	
Aprobar	
Apuntes, los (de clase)	
Árabe, el/la	
Archivo, el	
Argumentar	
Armonía, la	
Arreglar	
Arrestar	
Arrogante	
Arroyo, el	
Ascendente, el/la	
Asegurar	
Asentarse	
Asignatura, la	
Astronomía, la	
Asunto, el	
Atasco, el	
Atención al cliente, la	
Ateo/a, el/la	
Atmósfera, la	
Aula multimedia, el	
Auriculares (inalámbricos), los	
Azteca, el/la	

B	En mi lengua
Bachillerato, el	
Bajar (archivos)	
Basílica, la	
Basura, la	
Batería (externa), la	
Beca, la	
Bibliografía, la	
Biólogo/a, el/la	
Bolsa (de plástico), la	
Bombilla, la	
Borrar (archivos)	
Bosque, el	
Budismo, el	
Budista, el/la	
Buscador, el	

C	En mi lengua
Cabo, el	
Caer bien/mal	
Calentamiento global, el	
Calificación, la	
Callado/a	
Cama elástica, la	
Campus, el	
Canal, el	
Cancelación, la	
Capacidad, la	
Capicúa	
Carbón, el	
Cargador, el	
Carrera (universitaria), la	
Catedral, la	
Catolicismo, el	
Católico/a, el/la	
Cautividad, la	
Caza, la	
Certificado, el	
Césped, el	
Cifrar	
Círculo polar ártico, el	
Circunstancia, la	
Clave, la	
Cobarde	
Colgar	
Colonia, la	
Combustible, el	
Complicidad, la	
Comportamiento, el	
Comunista, el/la	
Concienciación, la	
Concretamente	
Condenado/a, el/la	
Conectarse	
Conejo/a, el/la	
Conexión, la	
Confeccionar	
Confesión, la	
Confianza, la	
Confuso/a	
Congelado/a	
Conmemoración, la	
Conmemorar	
Conquistar	
Consulado, el	
Consumismo, el	
Consumo, el	
Contaminar	
Contraseña, la	
Convencionalismo, el	
Conveniente	
Convivencia, la	
Copia de seguridad, la	
Cordillera, la	
Cosmético, el	
Creativo/a	
Crédito, el	

	En mi lengua
Creencia, la	
Creído/a	
Creyente, el/la	
Crisis, la	
Cristiano/a evangélico/a), el/la	
Criterio, el	
Cuenta, la	
Cultivo, el	
Culto, el	
Cundir	
Curso (en línea), el	

D

Dar asco	
Dar igual/lo mismo	
Dar lástima/pena	
Dar miedo	
Dar rabia	
Dar vergüenza	
Dato, el	
De segunda mano	
¿De verdad?/¿En serio?	
Década, la	
Decidido/a	
Declarar	
Decoración, la	
Deforestación, la	
Degradación, la	
Denominación, la	
Denominar	
Denotar	
Deprimido/a	
Derretirse	
(Des)agradecido/a	
(Des)confiado/a	
(Des)honesto/a	
Desafío, el	
Desagradable	
Desarrollo, el	
Desastre natural, el	
Descargar	
Desconocer	
Descuento, el	
Desechar	
Deseo, el	
Desgastar	
Deshielo, el	
Desierto, el	

	En mi lengua
Deslumbrante	
Desperdiciar	
Despreciar	
Destacar	
Deteriorarse	
Determinar	
Devolución, la	
Dibujar	
Dinámica, la	
Dióxido de carbono, el	
Diploma, el	
Diseño gráfico, el	
Dispositivo, el	
Diversidad, la	
Diversificar	
Documento, el	

E

Ecoturismo, el	
Ecuador, el	
Edición, la	
Educativo/a	
Efecto invernadero, el	
Egoísta	
Ejecución, la	
Electrónica, la	
Embellecer	
Emisión, la	
Emoción, la	
Empaquetar	
Empático/a	
En concreto	
En cuanto a	
En particular	
En peligro de extinción	
Encargado/a, el/la	
Encuesta, la	
Energía renovable, la	
Énfasis, el	
Enseñanza, la	
Entorno, el	
Enunciado, el	
Envase, el	
Envenenar	
Envoltorio, el	
Época, la	
Erradicación, la	
Es cierto/ indiscutible/obvio	

	En mi lengua
Es escandaloso/ conveniente intolerable/justo/ sorprendente... + infinitivo/*que* + subjuntivo	
Es una vergüenza/ un horror/una tontería/un desastre... + infinitivo/*que* + subjuntivo	
Escalonado/a	
Escultor/a, el/la	
Especia, la	
Especialista, el/la	
Especialización, la	
Especificar	
Está permitido + infinitivo	
Está prohibido + infinitivo	
(No) Estar a favor de...	
(No) Estar de acuerdo con...	
(No) Estar en contra de...	
Estilo de vida, el	
Estrategia, la	
Estrecho, el	
Estropearse	
Estúpido/a	
Etapa, la	
Etimológico/a	
Étnico/a	
Evaluación, la	
Evidente	
Excesivo/a	
Exclusión, la	
Experimentar	
Experto/a, el/la	
Explotar	
Extravertido/a	

F

Fábrica, la	
Falso/a	
Ferretería, la	
Ficha (personal), la	
Fiel, el/la	
Filosofía, la	
Flotar	

	En mi lengua
Forja, la	
Formación profesional, la	
Foro (de discusión), el	
Forzoso/a	
Fuga, la	
Furioso/a	

G	
Garantía, la	
Gas, el	
Genealogía, la	
Generar	
Generoso/a	
Genético/a	
Glaciar, el	
Golfo, el	
Gotear	
Grabación, la	
Grabar	
Gracioso/a	
Grado, el	
Graduado/a, el/la	
Grifo, el	
Guardar	
Guardia civil, el/la	
Guitarra, la	

H	
Habitar	
Hábitat, el	
Hacer clic	
Hacer prácticas	
Harto/a	
Hecho, el	
Hectárea, la	
Hierba, la	
Hipócrita	
Hipótesis, la	
Histórico/a	
Huella ecológica, la	
Humilde	
Hundido/a	
Huracán, el	

I	
Iglesia, la	
Impacto, el	
Impartir	
Imperio, el	
Importación, la	
Importe, el	
Impronta, la	
Imprudencia, la	
Impuntualidad, la	
Infantil (educación), la	
Inseguro/a	
Insensible	
Inapropiado/a	
Inca, el/la	
Incendio, el	
Incorporar	
Indeciso/a	
Indígena, el/la	
Indignar	
Industria, la	
Influencia, la	
Infrahumano/a	
Infrarrojo/a	
Iniciativa, la	
Inmediaciones, las	
Inmediatez, la	
Inmigración, la	
Inmigrante, el/la	
Innovación, la	
Inolvidable	
Inquieto/a	
Intercultural	
Interjección, la	
Internarse	
Intolerancia, la	
Introvertido/a	
Inundación, la	
Invadir	
Invasión, la	
Invención, la	
Irresponsable	
Isla, la	
Islamismo, el	

J	
Jornada de puertas abiertas, la	
Judaísmo, el	
Judío/a, el/la	

L	
Lago, el	
Lamentar	
Lancha motora, la	
Lápiz de memoria, el	
Ley, la	
Liebre, la	
Listado, el	
Llanura, la	
Lo que más/menos me gusta/interesa es/son…	
Local, el	
Longevidad, la	

M	
Maduro/a	
Majo/a	
Maltrato, el	
Manchar	
Mandar	
Manipular	
Manual de ayuda, el	
Mariposa, la	
Masa, la	
Masivo/a	
Máster, el	
Matemático/a	
Material de apoyo, el	
Matizar	
Matrícula, la	
Matricularse	
Maya, el/la	
¡Me has ayudado mucho, gracias!	
Medieval	
Medioambiente, el	
Melodía, la	
Memoria, la	
Mentalidad, la	
Meseta, la	
Metodología, la	
Mezquita, la	
Micrófono, el	
Microplástico, el	
Militante, el/la	
Mina, la	
Minoritario/a	
Modernismo, el	
Modernizar	
Modesto/a	
Molestar	
Monitor, el	
Montaña, la	
Mosaico, el	
Móvil, el	
Musulmán/a, el/la	

	En mi lengua
N	
Narración, la	
Navegable	
Navegador, el	
Negativo/a	
Negocio, el	
Norma, la	
Nota, la	
Nube, la	
O	
Objetivo/a	
Océano, el	
Odiar	
Ojalá (que)	
Ola de calor, la	
Ondulado/a	
Opción, la	
Opresivo/a	
Optimista	
Orden, la	
Ordenar	
Orgulloso/a	
Ornamental	
Ovalado/a	
P	
Paciente	
Padrastro/ madrastra, el/la	
Pantalla, la	
Para + *mí, ti, él, ella...*/nombre propio	
Paradójicamente	
Paraje, el	
Pasta de dientes, la	
Paz, la	
Pecar de	
Pedido, el	
Península, la	
Percibir	
Perdona/Lo siento, pero ¿puedo hacer una pregunta/ decir algo?	
Perfil, el	
Periodo, el	
Permiso, el	
Permitir	
Personalidad, la	
Pertenencia, la	

	En mi lengua
Pesca, la	
Pesimista	
Petición, la	
Petróleo, el	
Pico el	
Piloto, el/la	
Pino, el	
Pintada, la	
Pintor/a, el/la	
Pirámide, la	
Pizarra digital, la	
Planeta, el	
Plataforma, la	
Población, la	
Poblar	
Podría decirme si + presente	
Poner de buen/mal humor	
Por favor, déjame terminar.	
Por otra parte	
Posguerra, la	
Positivo/a	
Precavido/a	
Preceder	
Precisar	
Predestinado/a	
Preescolar	
Preferencia, la	
Prepotente	
Presencial	
Preso/a, el/la	
Previamente	
Previsto/a	
Primaria (enseñanza), la	
Principalmente	
Privacidad, la	
Privado/a	
Procedimiento, el	
Producto interior bruto, el	
Programa, el	
Progreso, el	
Prohibición, la	
Prohibir	
Promedio, el	
Proporcionar	
Protocolo, el	
Provenir	
Proyector, el	
Prudente	

	En mi lengua
Publicar	
¿Puedes aconsejarme?	
Puesto de trabajo, el	
Q	
¡Qué aburrimiento/ estrés/ casualidad/ desastre/susto!	
¡Que aproveche!	
¡Que cumplas muchos más!	
¡Que duermas bien!/Que descanses!	
¿Qué es lo que más/menos te gusta de...?	
¡Que lo pases bien!/Que te diviertas!	
¿Qué me recomiendas/ aconsejas?	
¡Que seáis felices!	
¡Que te mejores!	
¡Que tengas buen viaje!	
¡Que tengas suerte!	
¡Que vaya bien!	
Quería saber si + presente	
R	
Racismo, el	
Radiación, la	
Rasgo, el	
Rastrear	
Ratón, el	
Raza, la	
Razonable	
Realista	
Rebelde	
Rebeldía, la	
Rebelión, la	
Rechazo, el	
Reciclar	
Recinto, el	
Reclamar	

	En mi lengua
Recogida, la	
Reconocer	
Recreativo/a	
Red social, la	
Redactar	
Reenviar	
Reflexión, la	
Reformar	
Régimen, el	
Registrado/a	
Regla, la	
Regular	
Reino, el	
Religión, la	
Reloj inteligente, el	
Rememorar	
Reparación, la	
Reparar	
Repasar	
Reprimenda, la	
Reprochar	
Requerimiento, el	
Rescate, el	
Residuo, el	
Respecto a	
Respetuoso/a	
Resumir	
Retraso, el	
Reutilizar	
Revelar	
Revisar	
Rey/reina, el/la	
Ridiculizar	
Río, el	
Rito, el	
Rogar	
Romano/a, el/la	
Rostro, el	
Rúter, el	

S

	En mi lengua
Sacar buenas/malas notas.	
Sala de conferencias, la	
Sanción, la	
Sardina, la	
Se halla/Se encuentra/Se sitúa/Está situado/a)	
Se permite + infinitivo	
Se prohíbe + infinitivo	
Secretaría, la	
Secundaria (enseñanza), la	
Seguidor/a, el/la	
Selva, la	
Sencillo/a	
Sensible	
Sermón, el	
Sí, sí, claro./Sí, ya.	
Siento verte/que estés así.	
Siglo, el	
Símbolo, el	
Simetría, la	
Simio/mia, el/a	
Sinagoga, la	
Sincero/a	
Sinfín, el	
Sobre todo	
Sobrevivencia, la	
Sociable	
Soledad, la	
Solicitar	
Solo un minuto (por favor).	
Soñador/a	
Soportar	
Sorprendido/a	
Sospechar	
Sostenible	
Subir (archivos)	
Sueldo, el	
Sufrimiento, el	
Sugerir	
Superficie, la	
Suplicar	
Surgir	
Suspender	

T

	En mi lengua
Tablero (de noticias), el	
Tableta, la	
Tala, la	
Taller, el	
Te agradezco mucho tu ayuda.	
Temor, el	
Templo, el	
Tenderete, el	
Tener buen/mal carácter	
Tener un carácter fácil/difícil/fuerte/débil	
Teoría, la	
Territorio, el	
Testigo de Jehová, el/la	
Tienes razón.	
Tierno/a	
Tique, el	
Titular, el	
Tomar conciencia	
Tonelada, la	
Tonto/a	
Trabajador/a	
Tradición, la	
Tráfico ilegal, el	
Trámite, el	
Transformarse	
Transmitir	
Tribu, la	

U

	En mi lengua
Un momento, ¿puedo decir una cosa?	
Universitario/a	
Usuario/a, el/la	

V

	En mi lengua
Vago/a	
Valiente, el/la	
Valle, el	
Valorado/a	
¡Vaya!	
Velocidad, la	
Viable	
Vidriera, la	
Viñedo, el	
Vital	
Volcán, el	
Votante, el/la	

X

	En mi lengua
Xenofobia, la	

Créditos fotográficos

UNIDAD 1: Encuentro de culturas

Pág. 5: Octavio Paz: De Jonn Leffmann - Octavio Paz besökte Malmö Internationella Poesifestival 1988, trabajo propio, en Creative Commons, licencia CC BY-3.0, https://commons.wikimedia.org/w/index.php?curid=27401302; Rigoberta Menchú: De Carlos Rodríguez/ANDES - Rigoberta Menchu, Premio Odenbrecht, 2014, CC BY-SA 2.0, https://commons.wikimedia.org/w/index.php?curid=36955982; Isabel Allende: De Mutari - Isabel Allende, escritora chilena en la presentación de su libro *La suma de los días* en Barcelona, 2008, trabajo propio, en Creative Commons, dominio público, https://commons.wikimedia.org/w/index.php?curid=4075178; Eduardo Galeano: De Mr. Tickel - Eduardo Galeano en la Feria del Libro de Madrid, 31 de mayo de 2008, trabajo propio, en Creative Commons, licencia CC BY-3.0, https://commons.wikimedia.org/w/index.php?curid=4143001. **Pág. 9:** Decoración árabe: Renata Sedmakova, Shutterstock.com. **Pág. 13:** Máscara funeraria inca: sharptoyou, Shutterstock.com. **Pág. 15**: Santa María la Blanca: Vlad G., Shutterstock.com. **Pág. 16:** Patio de los Leones, la Alhambra, Granada: Cezary Wojtkowski, Shutterstock.com.

UNIDAD 2: EnREDados

Pág. 37: Alejandro Sanz: Kobby Dagan, Shutterstock.com; Shakira: Frederic Legrand - COMEO, Shutterstock.com; Rafa Nadal: Christian Bertrand, Shutterstock.com; Escudos Real Madrid y Barcelona: Rose Carson, Shutterstock.com.

UNIDAD 3: Un poco de educación

Pág. 56: Universidad de México: csp, Shutterstock.com; Estudiantes, Perú: meunierd, Shutterstock.com.

UNIDAD 4: ¡Súmate!

Pág. 66: Deforestación: Rich Carey, Shutterstock.com; Inundación: Asianet-Pakistan, Shutterstock.com. **Pág. 73:** Parque de atracciones: Evgeny Kuzhilev, Shutterstock.com. **Pág. 74:** Mercado de los Encants de las Glòries de Barcelona: Jordi C., Shutterstock.com. **Pág. 76:** Turismo en masa: Flystock, Shutterstock.com; Inundación: AJP, Shutterstock.com.

UNIDAD 5: Para siempre

Pág. 83: Casa Batlló: imagIN.gr photography, Shutterstock.com. **Pág. 92:** Logo Snapchat: tanuha2001, Shutterstock.com. **Pág. 96:** Sagrada Familia: TTstudio, Shutterstock.com. **Pág. 97:** Casa Amatller: k065167, Shutterstock.com; Casa Batlló: ansharphoto, Shutterstock.com; Casa Lleó Morera: Veniamin Kraskov, Shutterstock.com; Palau de la Música: CCat82, Shutterstock.com. **Pág. 101:** Sagrada Familia: TTstudio, Shutterstock.com.

Fichas de "Pronunciación y ortografía"

Pág. 108: Pablo Alborán: Pablo Alborán en el Tour Terral, 2015. De Rumeysabetullcakir, en Creative Commons, licencia CC BY-SA 4.0, https://upload.wikimedia.org/wikipedia/commons/4/41/B65488894248fe78c39db21c4e034897_.jpg.